統計學基礎實驗
(SPSS)

(第二版)

李勇、張敏 編著

財經錢線

前　言

　　隨著高等教育對實踐環節的日益重視，實驗課程的改革也日益重要，尤其是社會經濟管理類專業學生的實踐教學。《統計學基礎實驗（SPSS）》是面向高等學校統計學專業和社會經濟管理等相關專業本科生的一本統計學專業教材。

　　SPSS 是世界上最早的統計分析軟件，也是最早採用圖形菜單驅動界面的統計軟件，由美國斯坦福大學的三位研究生（Norman H. Nie, C. Hadlai (Tex) Hull, Dale H. Bent）於 1968 年研發成功，同時三人成立了 SPSS 公司。最初，軟件全稱為「社會科學統計軟件包」(Solutions Statistical Package for the Social Sciences)，但隨著產品服務領域的擴大，軟件名稱於 2000 年變更為「統計產品與服務解決方案」(Statistical Product and Service Solutions)。2009 年，IBM 公司收購了 SPSS 公司，並將軟件更名為 IBM SPSS Statistics，現已推出了一系列用於統計學分析運算、數據挖掘、預測分析和決策支持的軟件產品及相關服務，以適應當前大數據和人工智能的數據分析和挖掘等需求。產儘當前其他一些軟件（如 Python、R 等）非常盛行，但是 SPSS 以其操作簡單和入門快速等優點，仍然在數據分析軟件市場占據了一定地位，並為進一步深入學習統計理論奠定了實踐基礎。

　　本書的核心內容是以 SPSS 軟件為工具，對統計學的基本理論進行實例性的講解。全書共由 18 個實驗組成：

　　實驗一、二主要是對 SPSS 數據文件進行創建和基本的整理。

　　實驗三、四、五、六的主要內容包括經典數理統計學的區間估計和假設檢驗等基本理論。

　　實驗七、八主要介紹了非參數統計的檢驗等基本理論。

　　實驗九至實驗十五主要講解了以線性模型的基本理論為基礎的基本方法，涉及單因素方差分析、多因素單變量方差分析、協方差分析、相關分析、一元線性迴歸分析、多元線性迴歸分析、曲線估計等。

　　實驗十六、十七介紹了定性數據的分析方法，主要內容包括列聯表分析和對數線性層次模型等。

　　實驗十八是要求學生自己動手設計的一個綜合練習，可以作為學生的期末綜合測評。

本書編寫以問題為先導，以工具操作為輔助，以分析結論為主導，以實例應用為目的，充分體現了統計學是理論與實踐緊密結合的一門應用性學科的特點。

　本書在編寫過程中，汲取了眾多相關書籍的精華，並承蒙許多同行專家的教誨，對此表示深深的謝意！限於編者的經驗和水平，本書仍有不當之處，懇請專家和讀者不吝賜教！

編　者

目 錄

實驗一　SPSS 數據文件的創建 ⋯⋯⋯⋯⋯⋯⋯⋯⋯⋯⋯⋯⋯⋯⋯⋯⋯⋯⋯⋯ (1)
　【實驗目的】⋯⋯⋯⋯⋯⋯⋯⋯⋯⋯⋯⋯⋯⋯⋯⋯⋯⋯⋯⋯⋯⋯⋯⋯⋯⋯⋯⋯⋯⋯ (1)
　【知識儲備】⋯⋯⋯⋯⋯⋯⋯⋯⋯⋯⋯⋯⋯⋯⋯⋯⋯⋯⋯⋯⋯⋯⋯⋯⋯⋯⋯⋯⋯⋯ (1)
　【實例演習】⋯⋯⋯⋯⋯⋯⋯⋯⋯⋯⋯⋯⋯⋯⋯⋯⋯⋯⋯⋯⋯⋯⋯⋯⋯⋯⋯⋯⋯⋯ (2)
　【實戰應用】⋯⋯⋯⋯⋯⋯⋯⋯⋯⋯⋯⋯⋯⋯⋯⋯⋯⋯⋯⋯⋯⋯⋯⋯⋯⋯⋯⋯⋯⋯ (7)
　【分析報告】⋯⋯⋯⋯⋯⋯⋯⋯⋯⋯⋯⋯⋯⋯⋯⋯⋯⋯⋯⋯⋯⋯⋯⋯⋯⋯⋯⋯⋯⋯ (7)

實驗二　SPSS 數據文件的預處理 ⋯⋯⋯⋯⋯⋯⋯⋯⋯⋯⋯⋯⋯⋯⋯⋯⋯⋯⋯⋯ (8)
　【實驗目的】⋯⋯⋯⋯⋯⋯⋯⋯⋯⋯⋯⋯⋯⋯⋯⋯⋯⋯⋯⋯⋯⋯⋯⋯⋯⋯⋯⋯⋯⋯ (8)
　【知識儲備】⋯⋯⋯⋯⋯⋯⋯⋯⋯⋯⋯⋯⋯⋯⋯⋯⋯⋯⋯⋯⋯⋯⋯⋯⋯⋯⋯⋯⋯⋯ (8)
　【實例演習】⋯⋯⋯⋯⋯⋯⋯⋯⋯⋯⋯⋯⋯⋯⋯⋯⋯⋯⋯⋯⋯⋯⋯⋯⋯⋯⋯⋯⋯⋯ (9)
　【實戰應用】⋯⋯⋯⋯⋯⋯⋯⋯⋯⋯⋯⋯⋯⋯⋯⋯⋯⋯⋯⋯⋯⋯⋯⋯⋯⋯⋯⋯⋯ (21)
　【分析報告】⋯⋯⋯⋯⋯⋯⋯⋯⋯⋯⋯⋯⋯⋯⋯⋯⋯⋯⋯⋯⋯⋯⋯⋯⋯⋯⋯⋯⋯ (21)

實驗三　統計量的描述性分析 ⋯⋯⋯⋯⋯⋯⋯⋯⋯⋯⋯⋯⋯⋯⋯⋯⋯⋯⋯⋯⋯ (22)
　【實驗目的】⋯⋯⋯⋯⋯⋯⋯⋯⋯⋯⋯⋯⋯⋯⋯⋯⋯⋯⋯⋯⋯⋯⋯⋯⋯⋯⋯⋯⋯ (22)
　【知識儲備】⋯⋯⋯⋯⋯⋯⋯⋯⋯⋯⋯⋯⋯⋯⋯⋯⋯⋯⋯⋯⋯⋯⋯⋯⋯⋯⋯⋯⋯ (22)
　【實例演習】⋯⋯⋯⋯⋯⋯⋯⋯⋯⋯⋯⋯⋯⋯⋯⋯⋯⋯⋯⋯⋯⋯⋯⋯⋯⋯⋯⋯⋯ (23)
　【實戰應用】⋯⋯⋯⋯⋯⋯⋯⋯⋯⋯⋯⋯⋯⋯⋯⋯⋯⋯⋯⋯⋯⋯⋯⋯⋯⋯⋯⋯⋯ (33)
　【分析報告】⋯⋯⋯⋯⋯⋯⋯⋯⋯⋯⋯⋯⋯⋯⋯⋯⋯⋯⋯⋯⋯⋯⋯⋯⋯⋯⋯⋯⋯ (33)

實驗四　單樣本的 t 檢驗 ⋯⋯⋯⋯⋯⋯⋯⋯⋯⋯⋯⋯⋯⋯⋯⋯⋯⋯⋯⋯⋯⋯⋯ (34)
　【實驗目的】⋯⋯⋯⋯⋯⋯⋯⋯⋯⋯⋯⋯⋯⋯⋯⋯⋯⋯⋯⋯⋯⋯⋯⋯⋯⋯⋯⋯⋯ (34)
　【知識儲備】⋯⋯⋯⋯⋯⋯⋯⋯⋯⋯⋯⋯⋯⋯⋯⋯⋯⋯⋯⋯⋯⋯⋯⋯⋯⋯⋯⋯⋯ (34)
　【實例演習】⋯⋯⋯⋯⋯⋯⋯⋯⋯⋯⋯⋯⋯⋯⋯⋯⋯⋯⋯⋯⋯⋯⋯⋯⋯⋯⋯⋯⋯ (34)
　【實戰應用】⋯⋯⋯⋯⋯⋯⋯⋯⋯⋯⋯⋯⋯⋯⋯⋯⋯⋯⋯⋯⋯⋯⋯⋯⋯⋯⋯⋯⋯ (37)
　【分析報告】⋯⋯⋯⋯⋯⋯⋯⋯⋯⋯⋯⋯⋯⋯⋯⋯⋯⋯⋯⋯⋯⋯⋯⋯⋯⋯⋯⋯⋯ (37)

實驗五　兩個獨立樣本的 t 檢驗 ·· (38)

　　【實驗目的】·· (38)

　　【知識儲備】·· (38)

　　【實例演習】·· (39)

　　【實戰應用】·· (42)

　　【分析報告】·· (42)

實驗六　配對樣本的 t 檢驗 ·· (43)

　　【實驗目的】·· (43)

　　【知識儲備】·· (43)

　　【實例演習】·· (44)

　　【實戰應用】·· (46)

　　【分析報告】·· (47)

實驗七　單樣本非參數檢驗 ·· (48)

　　【實驗目的】·· (48)

　　【知識儲備】·· (48)

　　【實例演習】·· (49)

　　【實戰應用】·· (54)

　　【分析報告】·· (54)

實驗八　兩獨立樣本非參數檢驗 ······································ (56)

　　【實驗目的】·· (56)

　　【知識儲備】·· (56)

　　【實例演習】·· (57)

　　【實戰應用】·· (60)

　　【分析報告】·· (60)

實驗九 單因素方差分析 ……………………………………… (61)
【實驗目的】 ……………………………………………………… (61)
【知識儲備】 ……………………………………………………… (61)
【實例演習】 ……………………………………………………… (63)
【實戰應用】 ……………………………………………………… (70)
【分析報告】 ……………………………………………………… (70)

實驗十 多因素單變量方差分析 ……………………………… (71)
【實驗目的】 ……………………………………………………… (71)
【知識儲備】 ……………………………………………………… (71)
【實例演習】 ……………………………………………………… (72)
【實戰應用】 ……………………………………………………… (80)
【分析報告】 ……………………………………………………… (80)

實驗十一 協方差分析 ………………………………………… (81)
【實驗目的】 ……………………………………………………… (81)
【知識儲備】 ……………………………………………………… (81)
【實例演習】 ……………………………………………………… (82)
【實戰應用】 ……………………………………………………… (89)
【分析報告】 ……………………………………………………… (89)

實驗十二 相關分析 …………………………………………… (90)
【實驗目的】 ……………………………………………………… (90)
【知識儲備】 ……………………………………………………… (90)
【實例演習】 ……………………………………………………… (92)
【實戰應用】 ……………………………………………………… (97)
【分析報告】 ……………………………………………………… (97)

實驗十三 一元線性迴歸分析 ………………………………… (98)
【實驗目的】 ……………………………………………………… (98)

【知識儲備】…………………………………………………………（98）
　　【實例演習】…………………………………………………………（100）
　　【實戰應用】…………………………………………………………（111）
　　【分析報告】…………………………………………………………（111）

實驗十四　多元線性迴歸分析………………………………………（112）
　　【實驗目的】…………………………………………………………（112）
　　【知識儲備】…………………………………………………………（112）
　　【實例演習】…………………………………………………………（113）
　　【實戰應用】…………………………………………………………（121）
　　【分析報告】…………………………………………………………（121）

實驗十五　曲線估計…………………………………………………（122）
　　【實驗目的】…………………………………………………………（122）
　　【知識儲備】…………………………………………………………（122）
　　【實例演習】…………………………………………………………（123）
　　【實戰應用】…………………………………………………………（129）
　　【分析報告】…………………………………………………………（129）

實驗十六　列聯表分析………………………………………………（130）
　　【實驗目的】…………………………………………………………（130）
　　【知識儲備】…………………………………………………………（130）
　　【實例演習】…………………………………………………………（131）
　　【實戰應用】…………………………………………………………（138）
　　【分析報告】…………………………………………………………（139）

實驗十七　對數線性層次模型………………………………………（140）
　　【實驗目的】…………………………………………………………（140）
　　【知識儲備】…………………………………………………………（140）
　　【實例演習】…………………………………………………………（140）

【實戰應用】……………………………………………………………（147）
　【分析報告】……………………………………………………………（147）

實驗十八　綜合測試練習……………………………………………（148）
　【實驗目的】……………………………………………………………（148）
　【實驗問題】……………………………………………………………（148）
　【分析報告】……………………………………………………………（149）

實驗一　SPSS 數據文件的創建

【實驗目的】

1. 掌握統計數據的基本性質。
2. 掌握 SPSS 數據的結構和建立方法。

【知識儲備】

變量及類型劃分

在一項具體的統計活動中，我們會對總體、眾多個體的某一個或幾個方面的屬性感興趣，這些屬性稱為變量。

我們可依據數據測量尺度的不同來劃分變量類型。數據測量包括四種尺度：定類尺度、定序尺度、定距尺度和定比尺度。

（1）定類尺度（Nominal）是按照某種屬性對事物進行平行的分類。它是顯示事物數量特徵的最粗糙的一種尺度。用定類尺度測量所獲得的數據只適用於是非判斷運算（=、≠）。

（2）定序尺度（Ordinal）可對事物類別間等級或順序差別進行測度。定序尺度在顯示事物數量特徵方面要比定類尺度更詳盡一些。用定序尺度測量所獲得的數據不僅適用於是非判斷運算，還適用於大小比較運算（>、<）。

（3）定距尺度（Interval）可對事物類別或次序之間的差距進行測度。定距尺度在顯示事物數量特徵方面要比定序尺度更詳盡一些。定距尺度測量所獲得的數據不僅適用於是非判斷運算、大小比較運算，還適用於加減運算（+、-）。

（4）定比尺度（Ratio）可對事物類別或次序之間的差距及其差別程度進行測度。定比尺度在顯示事物數量特徵方面要比定距尺度更詳盡一些。定比尺度測量所獲得的數據不僅適用於是非判斷運算、大小運算、加減運算，還適用於乘除運算（×、÷）。

依據數據測量尺度的不同，可將變量劃分為四種類型：定類變量、定序變量、定距變量、定比變量。

其中，定距變量和定比變量的數據直接表現為數字，而定類變量和定序變量的數據則不直接表現為數字。因此，實踐中人們常把定距變量和定比變量統稱為數值型變量，將定類變量和定序變量統稱為品質型變量。

SPSS 中，變量被劃分為三種類型：定類變量（nominal）、定序變量（ordinal）和數值型變量（scale）。

【實例演習】

【例】現在需要對學生的月消費情況進行調查。

1. 確定變量個數

學生性別、年齡等。

2. 定義變量屬性

在 SPSS 主窗口的左下角處，點擊「Variable View」標籤，切換至變量瀏覽界面，即可對變量進行定義。一個完整的 SPSS 數據結構包括 10 個屬性：Name、Type、Width、Decimals、Label、Values、Missing、Columns、Align 和 Measure，如圖 1－1 所示。

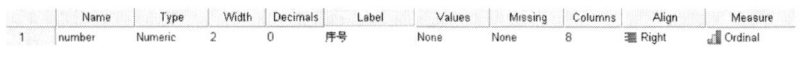

圖 1－1

（1）Name：變量名。定義變量名的注意事項：

①首字符必須是字母或漢字，後面可以跟除「！」「？」「、」「＊」之外的字母和數字；

②變量長度不能超過 64 個字符（32 個漢字）；

③變量名的結尾不能是圓點、句號或下劃線；

④SPSS 內部的保留字不能作為變量名，如：ALL、AND、BY 等；

⑤SPSS 可以系統默認變量名，以「VAR＋5 個數字」，如：VAR00001 等；

⑥變量名必須唯一，且不分大小寫字母。

【友情提示】

為了便於理解和記憶，變量名的定義最好與所代表的含義一致。

（2）Type：變量類型（見圖 1－2）。點擊「Type」按鈕，出現變量類型對話框。此對話框中有 8 種變量類型可供選擇：

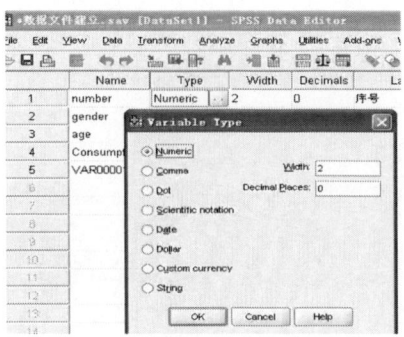

圖 1－2

① Numeric：標準數值型。系統默認類型。系統默認長度為8，小數位為2。
② Comma：逗號數值型。其整數部分從個位數開始，每3位數以一個逗號隔開，以圓點作為小數點，如：1,234.06。
③ Dot：圓點數值型。與逗號數值型相反，整數部分用圓點隔開，以逗號作為小數點，如：1.234,06。
④ Scientific Notation：科學計數法數值型。
⑤ Date：日期型。
⑥ Dollar：美元數值型。
⑦ Custom Currency：自定義貨幣數值型。
⑧ String：字符型。
（3）Width：寬度。默認值為8。
（4）Decimals：小數位數。默認值為2。
（5）Label：變量名標籤。對變量名含義的進一步註釋說明。
（6）Values：變量值標籤，如圖1-3所示。對變量取值含義的進一步註釋說明。

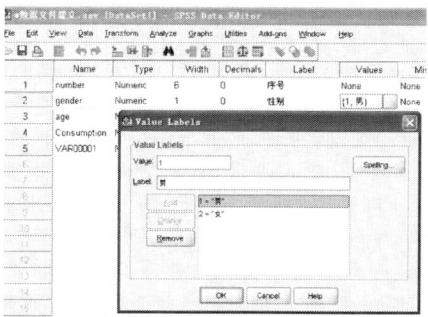

圖1-3

（7）Missing：缺失數據，如圖1-4所示。

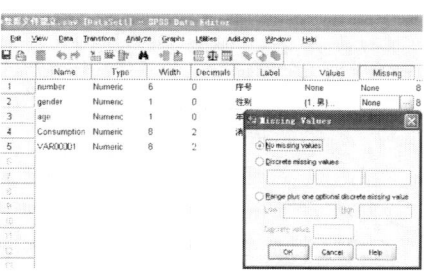

圖1-4

 No missing values：不自定義缺失值。系統默認缺失值，用圓點表示。
 Discrete missing values：離散缺失值，可定義3個。
 Range plus one optional discrete missing value：缺失值的區間範圍，可另指定一個缺

失值。

(8) Columns：列寬。默認值為8。

(9) Align：對齊方式有三種，即左對齊、右對齊和居中，如圖1-5所示。

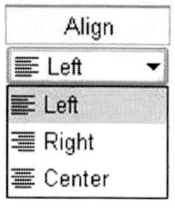

圖1-5

(10) Measure：數據度量尺度有三種，即定距型、定序型和定類型數據，如圖1-6所示。

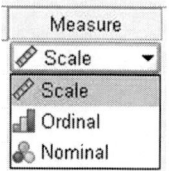

圖1-6

3. 錄入分析數據

在定義完變量數據結構後，在SPSS窗口的左下角點擊 Data View 標籤，切換至數據瀏覽界面。通過鍵盤把原始數據錄入，如圖1-7所示。

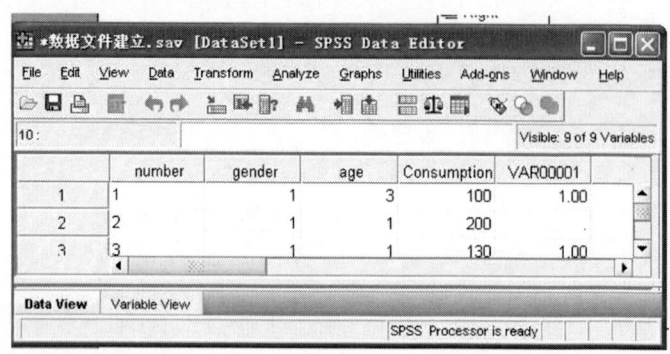

圖1-7

4. 編輯數據文件

刪除或插入一條個案或一個變量：將鼠標定位在需要插入的個案處，點擊右鍵，如圖1-8所示。

Cut：刪除； Copy：複製； Paste：粘貼； Clear：清除； Insert Cases：插入。

實驗一　SPSS 數據文件的創建

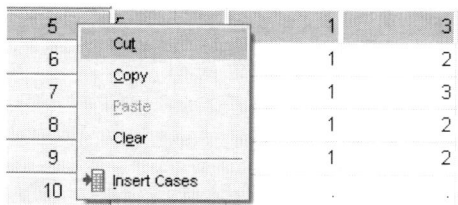

圖 1-8

上述操作也可以點擊 Edit 中的 Insert Variable 或 Insert Cases 等功能完成，如圖 1-9 所示。

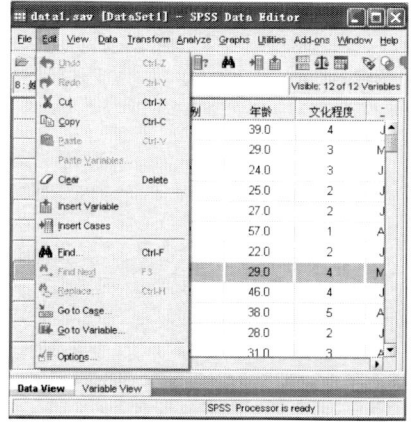

圖 1-9

還可點擊 Edit 中的 Go to Case... 或 Go to Variable...，快速定位個案或變量。

5. 保存數據文件

將在 SPSS 數據編輯窗口的數據保存為多種格式的數據文件。點擊 File 中的 Save As..，表示「另存為」，可以選擇各種文件格式：SPSS 文件格式、Excel 文件格式等。確定 File name: 即完成。如圖 1-10 所示。

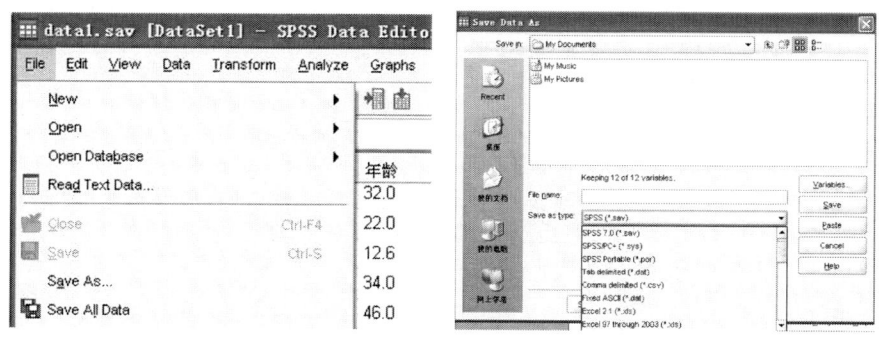

圖 1-10

5

6. 讀取數據文件

（1）直接讀取已存在的 SPSS 數據文件。

點擊 SPSS 程序，出現如圖 1-11 所示的對話框。若讀取文件在裡面，直接點擊「OK」鍵。

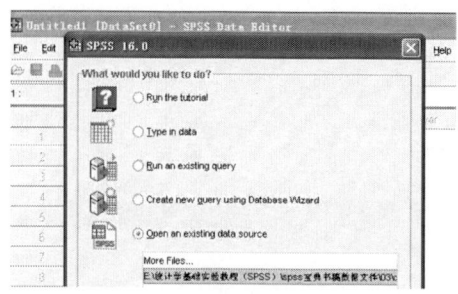

圖 1-11

（2）讀取存儲的文件。

若打開存儲在其他地方的文件，可以點擊 File —— Open —— Data...，如圖 1-12 所示。

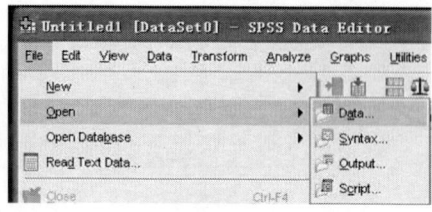

圖 1-12

打開如圖 1-13 所示對話框：可以選擇文件的位置和文件的格式（如：SPSS、Excel 等）。

圖 1-13

【實戰應用】

把學生分成幾個小組，分別設計一個簡單的問卷，並收集數據，進行 SPSS 數據文件的創建。同時注意其他軟件（如 Excel、R、Python 等）的比較學習。

【分析報告】

【分析報告基本格式】

實驗項目	
實驗日期	實驗地點
實驗目的	
實驗內容	
實驗步驟	
實驗結果	
實驗分析	
實驗小結	
備註	

實驗二　SPSS 數據文件的預處理

【實驗目的】

1. 掌握讀取 SPSS 數據的方法。
2. 掌握對 SPSS 數據的初步加工方法。

【知識儲備】

1. 數據的審核

收集完數據資料並完成數據錄入之後，接下來的工作就是審核。數據審核就是對調查取得的原始數據進行審查和核實。其目的在於保證資料的完整性、準確性和客觀性，為進一步的資料整理打下基礎。在調查過程中，由於所研究的問題和採取的調查方法不同，所取得的數據資料也是各種各樣的。對於不同類型的數據資料，審核的內容、方法和側重點會有所不同。一般而言，數據資料審核的內容主要包括完整性、準確性和及時性三個方面。

（1）完整性：檢查所有的調查表或調查問卷是否已經全部回收並完整錄入，調查的所有問題是否都填寫齊全。無法補齊時，應當制定相應的解決對策，以便於以後的深入分析。

（2）準確性：檢查數據資料是否真實地反應了調查對象的客觀情況，內容是否符合常理；檢查數據資料是否錯誤，計算是否正確。

（3）及時性：檢查資料與實際發生的時間間隔長短，一般來說問隔越短越好。檢查所填項目所屬時間與調查要求的項目所屬時間是否一致，若二者不一致，則不能用來分析所研究的問題。

2. 數據的分組

數據資料整理過程中的分組，就是根據研究的目的，按照有關變量的各個不同取值將數據資料區分為若干不同的部分。其目的是便於以後的對比分析，以揭示研究對象內在的結構特徵。

數據的分組分三種情況：按定類變量的不同取值進行分組，按定序變量的不同取值進行分組和按數值型變量的不同取值進行分組。

（1）定類變量是離散取值的，因此一般情況下可以把數據區分成有限的組別。定類變量的取值沒有順序性，因此，組與組之間的排列也沒有順序上的要求。

(2) 定序變量也是離散取值的，但具有順序性，因此，組與組之間的排列也要講求順序性。

(3) 數值型變量通常都是連續取值的，分組時需要做進一步的技術處理。例如，將數值型變量定類化，即重新編碼。這些工作都要在數據的預處理過程中完成。

總而言之，由於種種原因，已經錄入數據集的樣本數據經常需要進行審核、修改、分組、合併、排序、初步加工計算、重新編碼、個案觀測的尋找、插入和刪除等必要的預處理工作。

【實例演習】

1. 轉換 Excel 格式文件為 SPSS 文件

打開 SPSS 主窗口，點擊 File—Open— Data，出現如圖 2－1（a）所示對話框，再選擇數據文件類型 Excel(*.xls,*.xlsx,*.xlsm)，並輸入 Excel 格式文件名data2-1.xls。再點擊 Open，出現如圖 2－1（b）所示對話框。

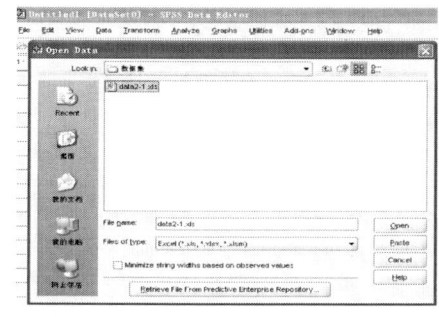
(a)
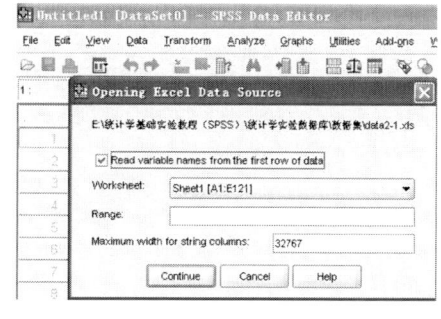
(b)

圖 2－1

點擊 Continue，即在 SPSS 主窗口中以 SPSS 數據格式打開 Excel 格式文件，並以 data2-2.sav 文件名將其保存為 SPSS 數據格式文件。

2. 合併與分拆數據

(1) 變量合併。

【例 2－1】把如圖 2－2（a）所示的 SPSS 文件 data-e-2-1.sav 和如圖 2－2（b）所示的 SPSS 文件 data-e-2-2.sav 合併成一個文件。

姓名	性別	年齡	職稱
陈龙	男	35.0	副教授
李红	女	36.0	讲师
张忠	男	28.0	讲师

(a)

姓名	性別	学历	工作量	论文数
陈龙	男	博士后	320至480	2
李红	女	博士	240至320	3
张忠	男	硕士	320至480	2

(b)

圖 2－2

點擊 Data — Merge Files — Add Variables...（見圖 2-3），出現如圖 2-4 所示的對話框。

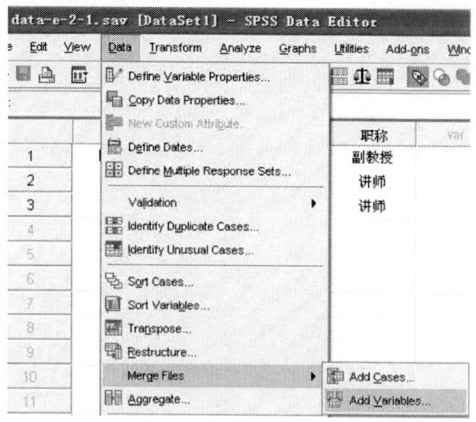

圖 2-3

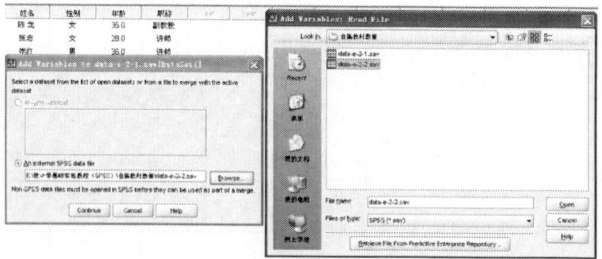

圖 2-4

再點擊 Continue，出現如圖 2-5 所示對話框。

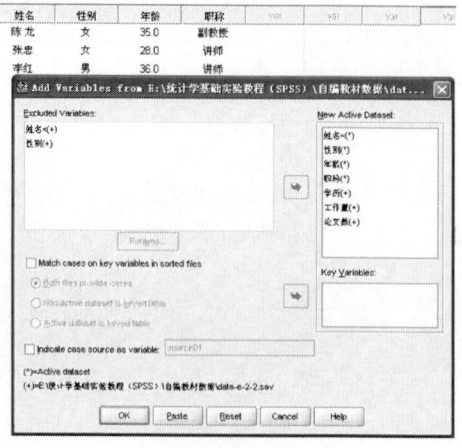

圖 2-5

其中 Excluded Variables:中的兩個變量表示新合併的數據文件中不包含的變量；包括將合併的兩個數據文件中重名的變量列表。在 New Active Dataset: 中標「＊」的變量表示當前數據文件中的變量，標「＋」的變量表示將合併進來的數據文件中的變量。點擊 OK ，得到文件 data-e-2-3.sav，如圖 2－6 所示。

姓名	性別	年齡	職稱	學歷	工作量	論文數
陈龙	男	35.0	副教授	博士后	320至480	2
李红	女	36.0	讲师	博士	240至320	3
张忠	男	28.0	讲师	硕士	320至480	2

圖 2－6

（2）個案合併。

【例 2－2】先將文件 data-e-2-3.sav 和文件 data-e-2-4.sav 合併為一個文件，如圖 2－7 所示。

姓名	性別	年齡	職稱	學歷	工作量
武松	男	43.0	副教授	硕士	240至320
杨宁	女	38.0	教授	博士	120至240

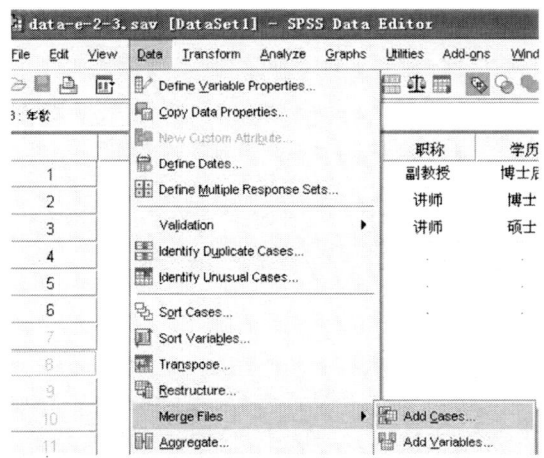

圖 2－7

點擊 Data —— Merge Files —— Add Cases，如圖 2－8 所示。

統計學基礎實驗（SPSS）

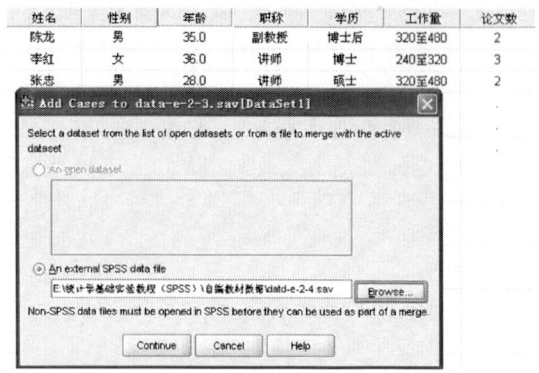

圖 2-8

再點擊 Continue ，如圖 2-9 所示。

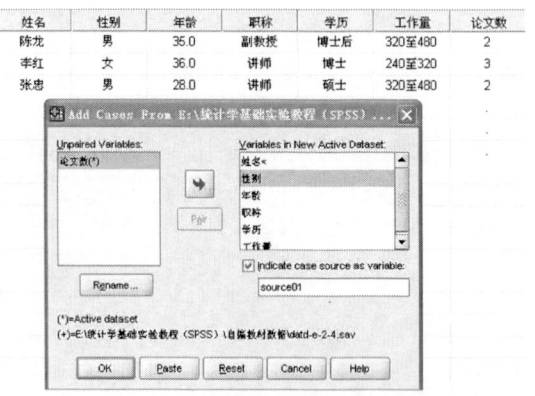

圖 2-9

在 Unpaired Variables: 中的變量表示未匹配的變量，如論文數，其中標「＊」的表示當前數據表中變量，標「＋」的表示將合併進來的數據表中的變量。在 Variables in New Active Dataset: 中的變量，表示合併之後的變量，如姓名、性別等。點擊 OK ，得到文件 data-e-2-5.sav，如圖 2-10 所示。

姓名	性別	年齡	職稱	學歷	工作量	source01
陳龍	男	35.0	副教授	博士後	320至480	0
李紅	女	36.0	講師	博士	240至320	0
張忠	男	28.0	講師	碩士	320至480	0
武松	男	43.0	副教授	碩士	240至320	1
楊寧	女	38.0	教授	博士	120至240	1

圖 2-10

（3）數據的拆分。

【例 2-3】把文件數據 data-e-2-5.sav 進行分拆，即點擊 Data ── Split File ，如

實驗二 SPSS數據文件的預處理

圖2-11所示。

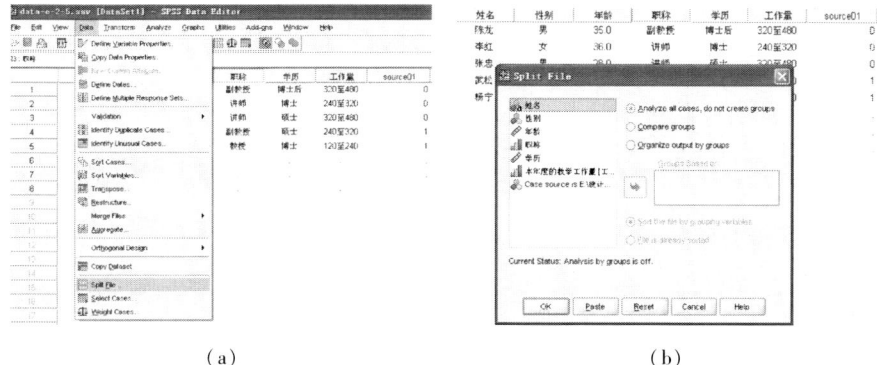

(a)   (b)

圖2-11

Analyze all cases, do not create groups：默認選項。表示分析所有個案，不分拆。

Compare groups：比較分組。表示將分組結果輸出在同一張表格中。

Organize output by groups：按組輸出結果。

Groups Based on：分組變量。本例選擇「職稱」。

得到如圖2-12所示對話框。

圖2-12

點擊 OK ，得到文件data-e-2-6.sav，如圖2-13所示。

姓名	性別	年齡	職稱	學歷	工作量	source01
李紅	女	36.0	講師	博士	240至320	0
張忠	男	28.0	講師	碩士	320至480	0
陳龍	男	35.0	副教授	博士後	320至480	0
武松	男	43.0	副教授	碩士	240至320	1
楊寧	女	38.0	教授	博士	120至240	1

圖2-13

統計學基礎實驗（SPSS）

3. 排序與轉置數據

（1）排序。

【例 2-4】對文件 data-e-2-6.sav 按年齡大小進行排序。

點擊 Data — Sort Cases...，出現如圖 2-14 所示對話框。

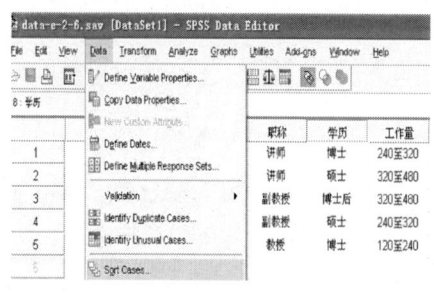
(a)

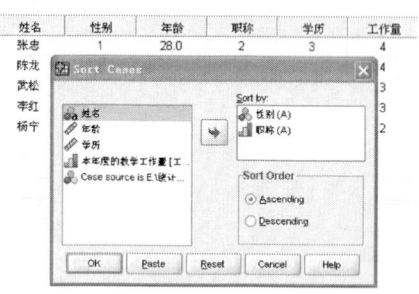
(b)

圖 2-14

Sort by: 中變量是主排序變量，如性別、職稱。在 Sort Order 中選擇升序還是降序。點擊 OK，得到文件 data-e-2-7.sav，如圖 2-15 所示。

姓名	性別	年齡	職稱	学历	工作量	source01
张忠	1	28.0	2	3	4	0
陈龙	1	35.0	3	5	4	0
武松	1	43.0	3	3	3	1
李红	2	36.0	2	4	3	0
杨宁	2	38.0	4	4	2	1

圖 2-15

（2）轉置。

【例 2-5】點擊 Data — Transpose...，出現如圖 2-16 所示對話框。

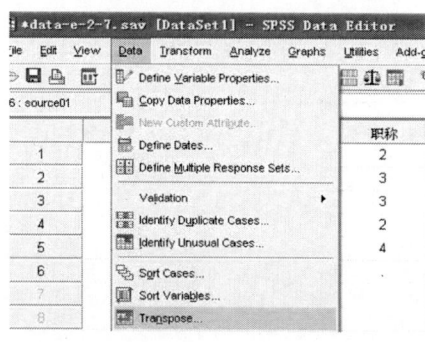
(a)

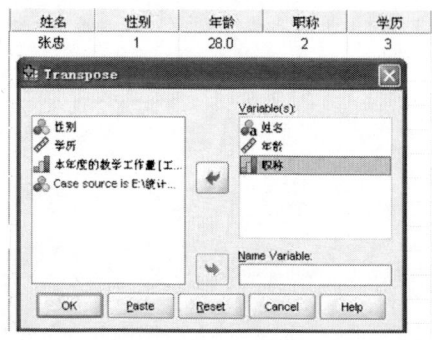
(b)

圖 2-16

把需要轉置的變量移到 Variable(s): 中，如姓名、年齡等。點擊 OK，得到文件 data-e-2-8. sav，如圖 2 - 17 所示。

CASE_LBL	var001	var002	var003	var004	var005
姓名	.	.	.	.	.
年龄	28.00	35.00	43.00	36.00	38.00
职称	2.00	3.00	3.00	2.00	4.00

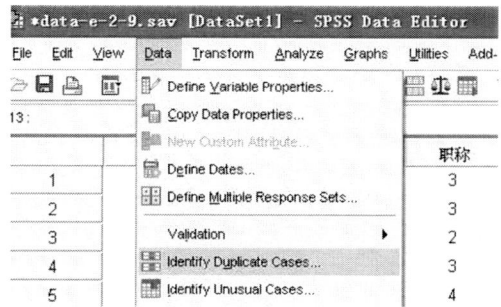

圖 2 - 17

4. 重複個案識別

【例 2 - 6】打開文件 data-e-2-9. sav，如圖 2 - 18 所示，點擊 Data — Identify Duplicate Cases... 得到如圖 2 - 19 所示對話框。

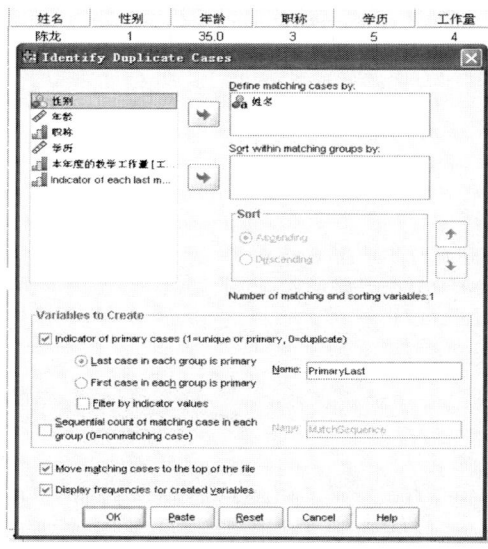

圖 2 - 18

圖 2 - 19

把左邊需要識別的變量移到 Define matching cases by: 中，若想對匹配變量進行排序，

把需要排序的變量移到 Sort within matching groups by: 中。點擊 OK ，得到文件 data-e-2-10.sav，如圖 2-20 所示。

姓名	性别	年龄	职称	学历	工作量	PrimaryLast
陈龙	1	35.0	3	5	4	0
陈龙	1	43.0	3	4	5	1
李红	2	36.0	2	4	3	1
武松	1	43.0	3	3	3	1
杨宁	2	38.0	4	4	2	1
张忠	1	28.0	2	3	4	1

圖 2-20

5. 數據的選取

【例 2-7】從文件 data-e-2-10.sav 中隨機選出 2 個個案。

打開文件 data-e-2-10.sav，如圖 2-21（a）所示，再點擊 Data ── Select Cases...，出現如圖 2-21（b）所示對話框。

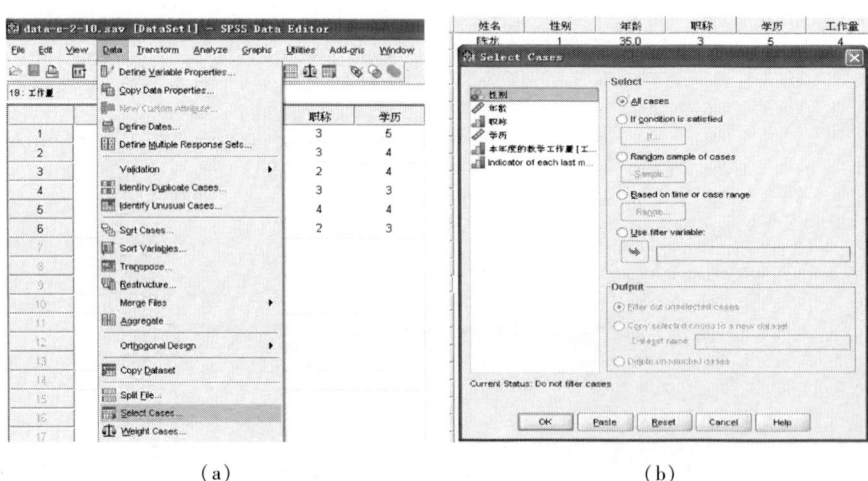

(a)   (b)

圖 2-21

選擇 ⊙ Random sample of cases ── Sample... ，打開如圖 2-22 所示對話框。

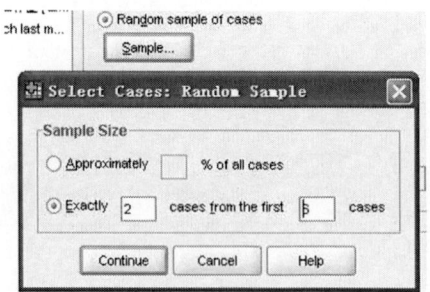

圖 2-22

實驗二 SPSS 數據文件的預處理

在 ⊙ Exactly 2 cases from the first 6 cases 中的前 6 個個案中隨機選擇 2 個。點擊 Continue ，在輸出結果 Output 中選擇：

⊙ Filter out unselected cases ：默認項。表示在原數據文件中把選取（取1）和排除（取0）的個案用 filter 變量註明，排除個案在後續分析中不參與。

⊙ Copy selected cases to a new dataset ：系統新創一個數據集。

⊙ Delete unselected cases ：在原文件中直接刪除未被選取的個案，且無法恢復。

選擇默認項後，點擊 OK ，得到文件 data-e-2-11.sav，如圖 2-23 所示。

	姓名	性別	年齡	職稱	学历	工作量	PrimaryLast	filter_$
1	陈龙	1	35.0	3	5	4	0	1
2	陈龙	1	43.0	3	4	5	1	0
3	李红	2	36.0	2	4	3	1	0
4	武松	1	43.0	3	3	3	1	1
5	杨宁	2	38.0	4	4	2	1	0
6	张忠	1	28.0	2	3	4	1	0

圖 2-23

6. 個案計點數

【例 2-8】在文件 data-e-2-11.sav 中，如圖 2-24(a)所示，對職稱為副教授（3）的計點數。

點擊 Transform — Count Values within Cases ，出現對話框，如圖 2-24（b）所示。

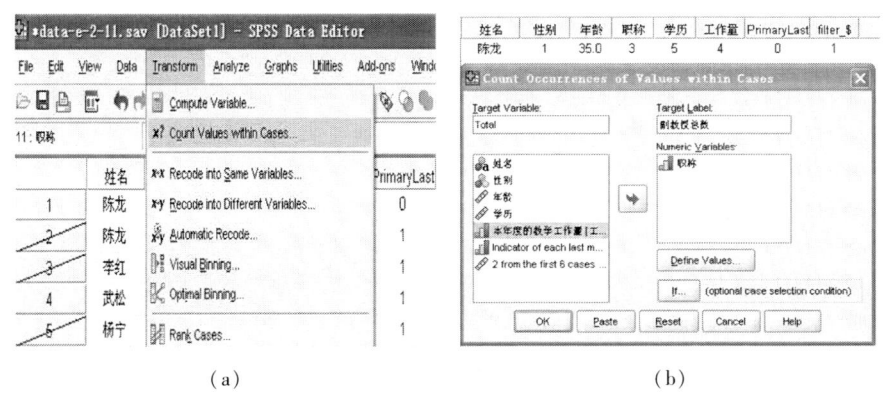

(a)　　　　　　　　　　　　　(b)

圖 2-24

在 Target Variable 中輸入目標變量（Total），在 Target Label 中輸入標籤（副教授總數），如圖 2-25（a）所示。把要計數的變量輸入 Numeric Variables 中。點擊定義計數取值 Define Values... ，出現如圖 2-25（b）所示的對話框。

17

統計學基礎實驗（SPSS）

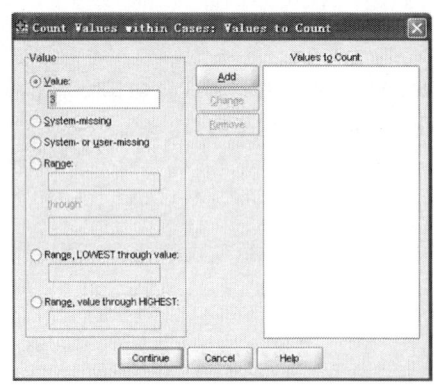
(a)

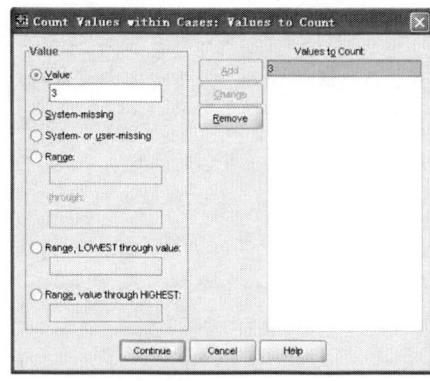
(b)

圖 2－25

在 ⊙Value: 中輸入變量計數值 3（副教授），點擊 Add — Continue 。

在 If... (optional case selection condition) 中選擇滿足個案的條件：⊙Include all cases，再點擊 Continue — OK ，得到文件 data-e-2-12.sav，如圖 2－26 所示。

姓名	性別	年齡	職稱	学历	工作量	PrimaryLast	filter_$	Total
陈龙	1	35.0	3	5	4	0	1	1.00
陈龙	1	43.0	3	4	5	1	0	1.00
李红	2	36.0	2	4	3	1	0	0.00
武松	1	43.0	3	3	3	1	1	1.00
杨宁	2	38.0	4	4	2	1	0	0.00
张忠	1	28.0	2	3	4	1	0	0.00

圖 2－26

被選擇變量副教授（3）在變量 Total 中的取值為 1。

7．分類匯總

【例 2－9】把文件 data-e-2-12.sav 中按職稱變量進行分組，對每組個案中的工作量求均值和標準差，對學歷變量求中位數，並生成分組數據文件，如圖 2－27（a）所示。

點擊 Data — Aggregate，出現如圖 2－27（b）所示的對話框。

實驗二 SPSS 數據文件的預處理

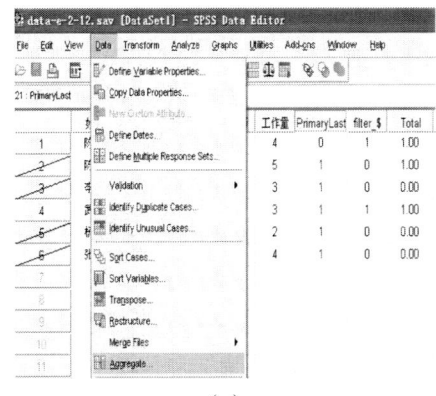
(a)

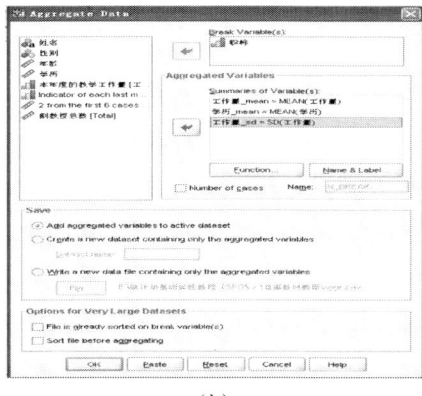
(b)

圖 2－27

選擇分類變量（職稱）到 Break Variable(s) 中，選擇匯總變量（工作量、學歷）到 Summaries of Variable(s): 中。點擊 Function...，確定統計量（⊙ Mean、⊙ Standard Deviation 等），如圖 2－28 所示。

圖 2－28

點擊 Name & Label...，確定變量名和變量標籤。在 Save 中選擇保存方式。

⊙ Add aggregated variables to active dataset：默認項。表示新變量添加到當前活動數據集。

點擊 OK，得到文件 data-e-2-13.sav，如圖 2－29 所示。

姓名	性別	年齡	職稱	学历	工作量	PrimaryLast	filter_$	Total	工作量_mean	学历_median	工作量_sd_1
陈龙	1	35.0	3	5	4	0	1	1.00	3.50	4.00	0.71
陈龙	1	43.0	3	4	5	1	0	1.00			
李红	2	36.0	2	4	3	1	0	0.00			
武松	1	43.0	3	3	3	1	1	1.00	3.50	4.00	0.71
杨宁	2	38.0	4	4	2	1	0	0.00			
张忠	1	28.0	2	3	4	1	0	0.00			

圖 2－29

8. 數據分組

【例 2 - 10】把文件 data-e-2-10.sav 中的年齡按大小分為 3 個組：30 歲以下、30～39 歲、40 歲以上。

點擊 Transform —— x-y Recode into Different Variables…，如圖 2 - 30 所示，得到如圖 2 - 31 所示對話框。

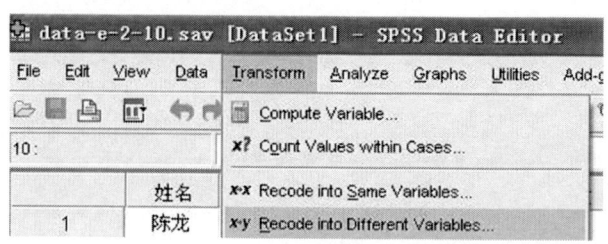

圖 2 - 30

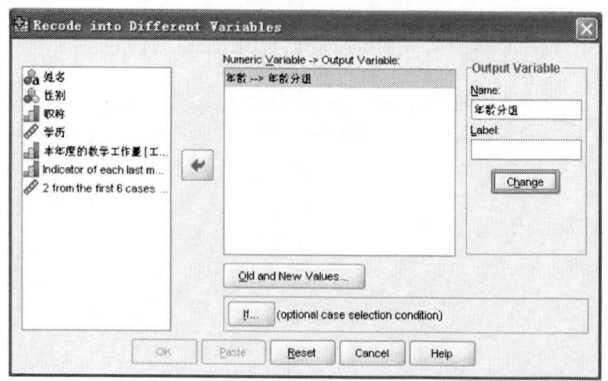

圖 2 - 31

把分組變量移至 Numeric Variable -> Output Variable:，在 Output Variable 中輸入新變量名，點擊 Change。

再點擊 Old and New Values…，出現如圖 2 - 32 所示對話框。

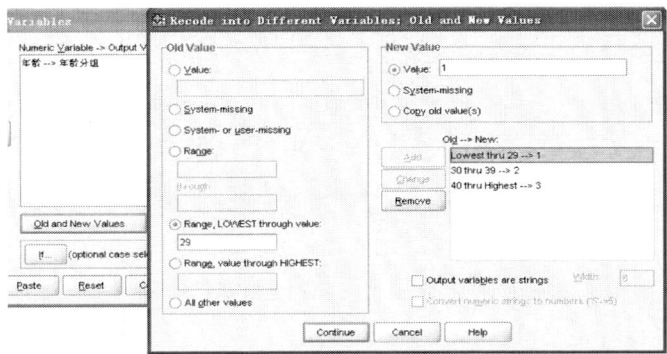

圖 2－32

在 Range, LOWEST through value: 中，輸入 29，在 Value: 中輸入對應的值，點擊 Add 。再分別在 Range: 中輸入 30 和 39，在 Range, value through HIGHEST: 輸入 40。點擊 Continue，再點擊 OK ，得到文件 data-e-2-14.sav，如圖 2－33 所示。

姓名	性別	年齡	職稱	學歷	工作量	PrimaryLast	filter_$	年齡分組
陈龙	1	35	3	5	4	0	1	2
陈龙	1	43	3	4	5	1	0	3
李红	2	36	2	4	3	1	0	2
武松	1	43	3	3	3	1	1	3
杨宁	2	38	4	4	2	1	0	2
张忠	1	28	2	3	4	1	0	1

圖 2－33

【實戰應用】

將實驗一中的 SPSS 數據文件進行相應的整理分析。

【分析報告】

【分析報告基本格式】

實驗項目			
實驗日期		實驗地點	
實驗目的			
實驗內容			
實驗步驟			
實驗結果			
實驗分析			
實驗小結			
備註			

實驗三　統計量的描述性分析

【實驗目的】

1. 掌握分類數據的描述性分析。
2. 掌握有序數據的描述性分析。
3. 掌握定量數據的描述性分析。

【知識儲備】

1. 頻數分佈表

整理定序數據時，首先要列出所分的類別，然後計算出每一類別的頻數或頻率，將各個類別的相應頻數或頻率全部列出，並用表格形式表現出來，就形成了頻數分佈表。定類數據不講求類別間排列的順序，定序數據則應按變量的取值順序排列成表。

2. 數值型數據的頻數分佈表

數值型數據的頻數分佈表與品質型數據的頻數分佈表的製作原理相同，但數值型數據多為連續的。

3. 描述集中趨勢的統計量

(1) 眾數。眾數是樣本數據中出現次數最多的觀測值，用 M_0 表示。

(2) 中位數。中位數是觀測值按大小排序後，處於中間位置上的觀測值，用 M_e 表示。其計算公式為：

$$M_e = \begin{cases} X_{\frac{(n+1)}{2}} & (n \text{ 為奇數}) \\ \frac{1}{2}(X_{\frac{n}{2}} + X_{\frac{n}{2}+1}) & (n \text{ 為偶數}) \end{cases} \tag{3.1}$$

(3) 均值。均值就是我們通常所說的算術平均數，用 $\bar{X}$ 表示。其計算公式為：

$$\bar{X} = \frac{X_1 + X_2 + \cdots + X_i + \cdots + X_n}{n} = \frac{\sum_{i=1}^{n} X_i}{n} \tag{3.2}$$

(4) 四分位數。通過 3 個點將全部觀測值四等分，其中每部分包含 1/4 個觀測值，處在分位點上的觀測值稱為四分位數。四分位數共有 3 個，但我們通常所說的四分位數是指第 1 個四分位數（下四分位數）和第 3 個四分位數（上四分位數）。下四分位數用 Q_L 表示，上四分位數用 Q_U 表示。其計算公式為：

$$Q_L = X_{\frac{(n+1)}{4}}$$
$$Q_U = X_{\frac{3\times(n+1)}{4}} \quad (3.3)$$

4. 描述離散趨勢的統計量

（1）極差。極差也稱全距，是樣本數據中最大觀測值與最小觀測值之差，用 R 表示。其計算公式為：

$$R = X_{\max} - X_{\min} \quad (3.4)$$

（2）標準差。標準差是所有觀測值與其均值離差平方均值的平方根，也稱均方差，用 s 表示。其計算公式為：

$$s = \sqrt{\frac{\sum_{i=1}^{n}(X_i - \bar{X})^2}{n-1}} \quad (3.5)$$

（3）方差。方差是所有觀測值與其均值離差平方的均值，用 s^2 表示。其計算公式為：

$$s^2 = \frac{\sum_{i=1}^{n}(X_i - \bar{X})^2}{n-1} \quad (3.6)$$

（4）四分位差。四分位差是上四分位數與下四分位數之差，也稱為內距或四分間距，用 Q_d 表示。其計算公式為：

$$Q_d = Q_U - Q_L \quad (3.7)$$

5. 描述分佈形態的統計量

（1）偏度。數據分佈的不對稱性稱為偏度，它是反應數據分佈偏斜程度的統計量，用 ∂_3 表示。其計算公式為：

$$\partial_3 = \frac{\sum_{i=1}^{n}(X_i - \bar{X})^3}{ns^3} \quad (3.8)$$

（2）峰度。峰度是指數據分佈的平峰或尖峰程度，用 ∂_4 表示。其計算公式為：

$$\partial_4 = \frac{\sum_{i=1}^{n}(X_i - \bar{X})^4}{ns^4} \quad (3.9)$$

【實例演習】

【例】文件 data-e-4-1（見圖 3-1）是統計系 3 個班的 18 位學生的基本資料。

	班級	性別	年齡	体重	身高	体育等級
1	1	2	23	65	156	1
2	1	1	24	45	160	1
3	1	1	22	56	150	2
4	1	2	25	81	149	3
5	1	1	21	60	155	4
6	1	2	23	67	168	3
7	2	1	23	58	170	2
8	2	2	22	70	165	1
9	2	1	23	58	165	2
10	2	2	22	79	160	3
11	2	1	21	68	175	4
12	2	1	22	62	170	3
13	3	2	25	86	165	2
14	3	1	20	47	180	1
15	3	1	23	57	176	1
16	3	2	22	82	160	3
17	3	2	22	82	162	4
18	3	1	23	63	171	2

圖 3－1

（1）分類數據的描述性分析：根據這 18 位學生的性別求眾數，並得到頻數分佈表和頻數分佈餅圖。點擊 Analyze —— Descriptive Statistics —— 123 Frequencies...如圖 3－2 所示，得到如圖 3－3 所示對話框。

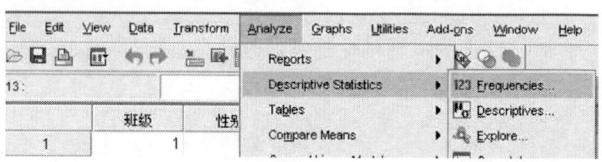

圖 3－2

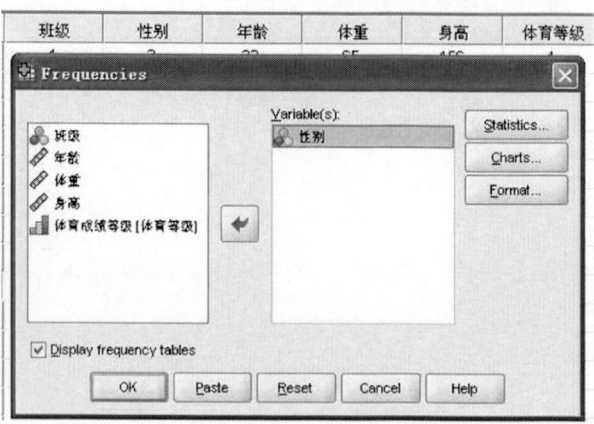

圖 3－3

☑ Display frequency tables：顯示頻數分佈表。

點擊 Statistics...，選擇需要輸出的統計量：☑ Mode（眾數），點擊 Continue，如圖 3－4 所示。

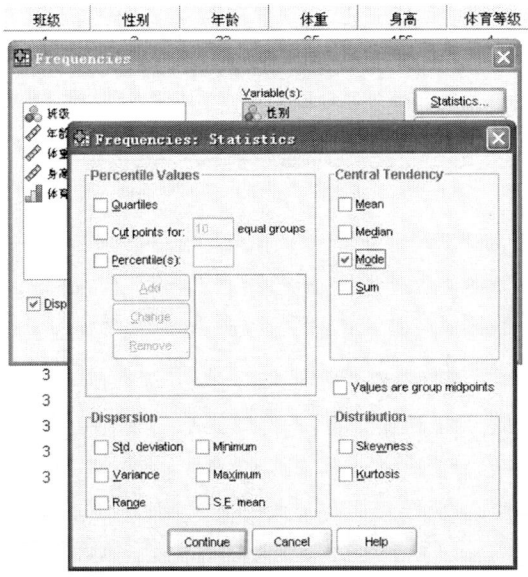

圖 3－4

點擊 Charts...，選擇輸出的圖形類型：◉ Pie charts（餅圖），點擊 Continue，如圖 3－5 所示。

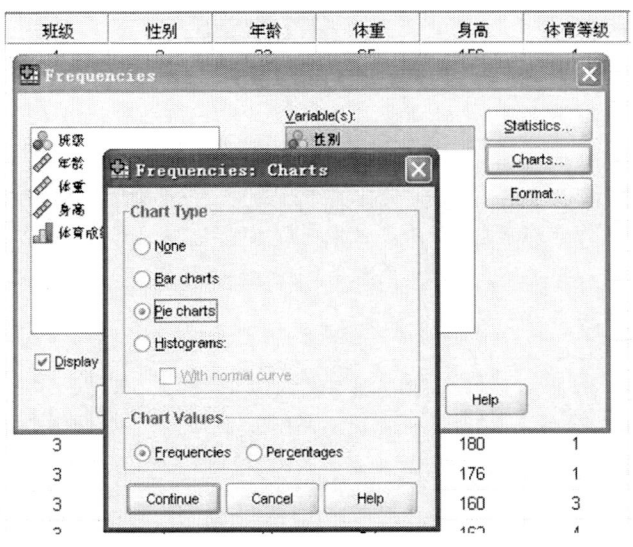

圖 3－5

再點擊 OK ，輸出結果，如圖 3－6、圖 3－7、圖 3－8 所示。

統計量

性別		
N	有效	18
	缺失	0
眾數		1

圖 3－6

【註解】圖 3－6 表示在性別中的眾數是 1（女性）。

性別

		頻率	百分比	有效百分比	累計百分比
有效	女	10	55.6	55.6	55.6
	男	8	44.4	44.4	100.0
	合計	18	100.0	100.0	

圖 3－7

【註解】圖 3－7 是根據性別得出的頻數分佈表，其中包含：頻率、百分比、有效百分比和累計百分比。

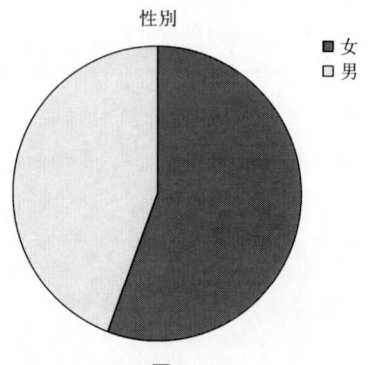

圖 3－8

【註解】圖 3－8 是按性別劃分比例的餅圖。

（2）有序數據的描述性分析：根據這 18 位學生的體育等級求中位數，並得到頻數分佈表和頻數分佈條形圖。點擊 Analyze — Descriptive Statistics — 123 Frequencies...，如圖 3－9 所示，然後得到如圖 3－10 所示對話框。

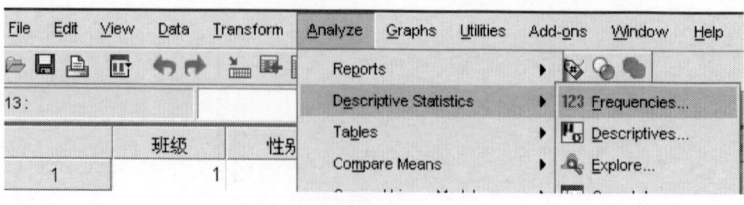

圖 3－9

實驗三　統計量的描述性分析

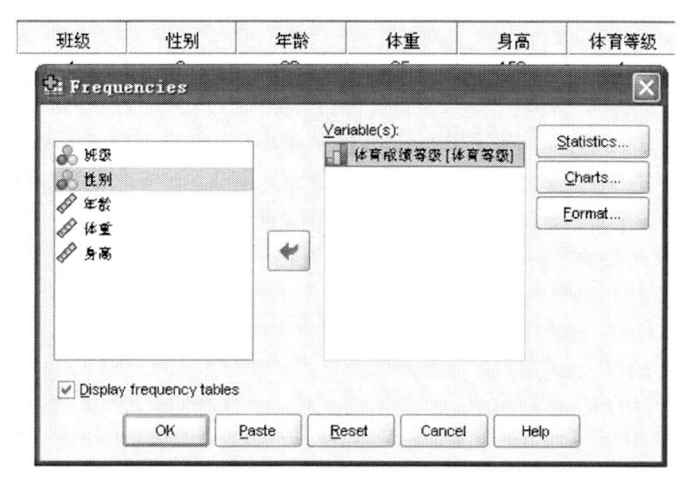

圖 3－10

☑ Display frequency tables：顯示頻數分佈表。

點擊 Statistics...，選擇需要輸出的統計量：☑ Median（中位數），再點擊 Continue。
點擊 Charts...，選擇輸出的圖形類型：⦿ Bar charts（條形圖）。
再點擊 OK，輸出結果，如圖 3－11、圖 3－12、圖 3－13 所示。

統計量

體育成績等級

N	有效	18
	缺失	0
中值		2.00

圖 3－11

【註解】圖 3－11 表示在體育等級中的中位數是 2（良好）。

體育成績等級

		頻率	百分比	有效百分比	累計百分比
有效	優	5	27.8	27.8	27.8
	良	5	27.8	27.8	55.6
	及格	5	27.8	27.8	83.3
	不及格	3	16.7	16.7	100.0
	合計	18	100.0	100.0	

圖 3－12

【註解】圖 3－12 表示體育成績等級的頻數分佈表。

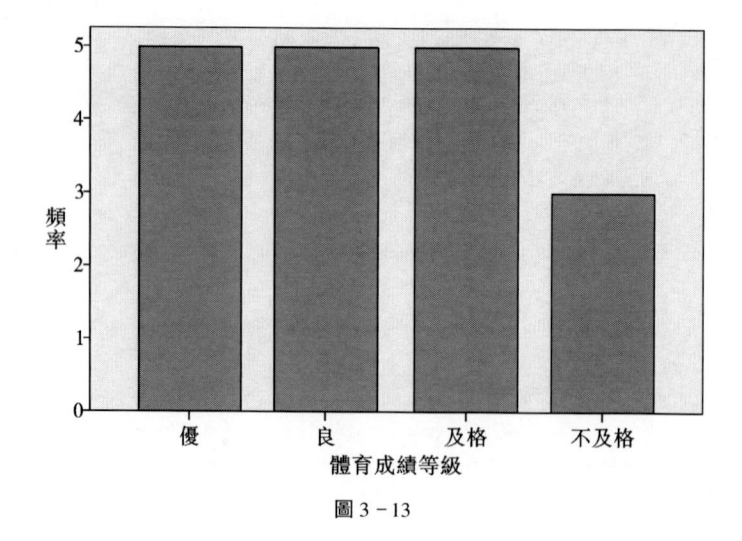

統計學基礎實驗（SPSS）

圖 3－13

【註解】圖 3－13 表示體育成績等級的頻率條形圖。

（3）定量數據分析：求這 18 位學生身高的四分位數、均值、標準差、均值的標準誤差、偏度、偏度的標準誤差、峰度、峰度的標準誤差，並利用頻數繪出直方圖。

點擊 Analyze ── Descriptive Statistics ── 123 Frequencies...，如圖 3－14、圖 3－15 所示。

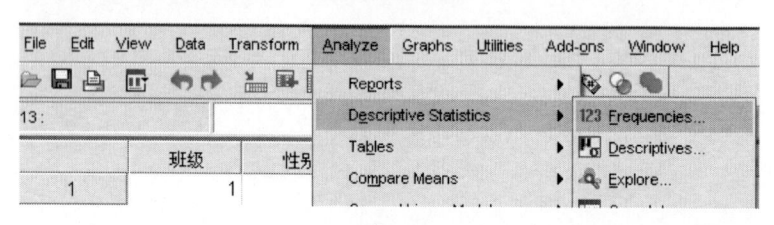

圖 3－14

圖 3－15

28

實驗三　統計量的描述性分析

點擊 Statistics... ，選擇所求統計量，再點擊 Continue ，如圖 3－16 所示。

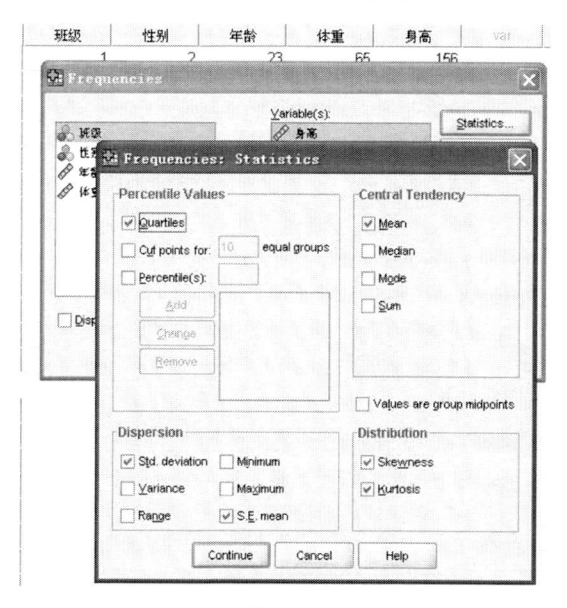

圖 3－16

點擊 Charts... ，選擇所求統計量 Continue ，如圖 3－17 所示。

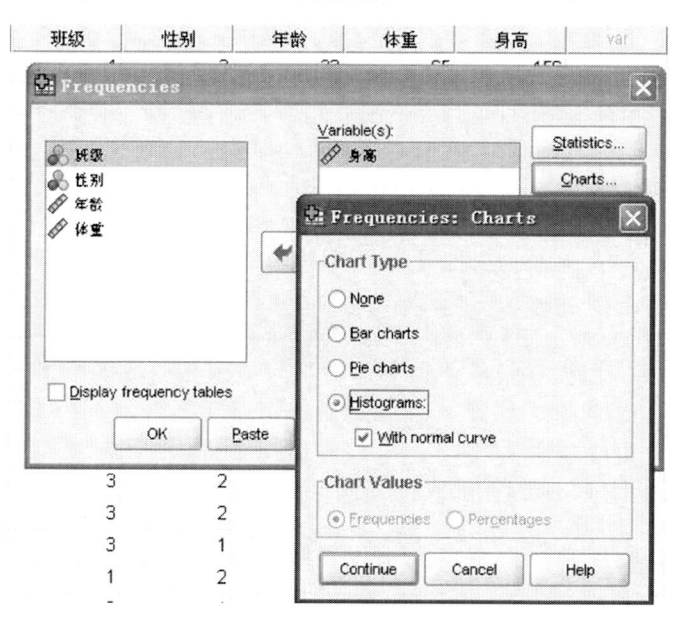

圖 3－17

點擊 OK ，得出結果，如圖 3－18、圖 3－19 所示。

Statistics

身高

N	Valid	18
	Missing	12
Mean		164.28
Std. Error of Mean		2.043
Std. Deviation		8.669
Skewness		-.064
Std. Error of Skewness		.536
Kurtosis		-.544
Std. Error of Kurtosis		1.038
Percentiles	25	159.00
	50	165.00
	75	170.25

圖 3－18

【註解】圖 3－18 表示身高的相關統計量：均值、標準差、均值的標準誤差、偏度、偏度的標準誤差、峰度和峰度的標準誤差。

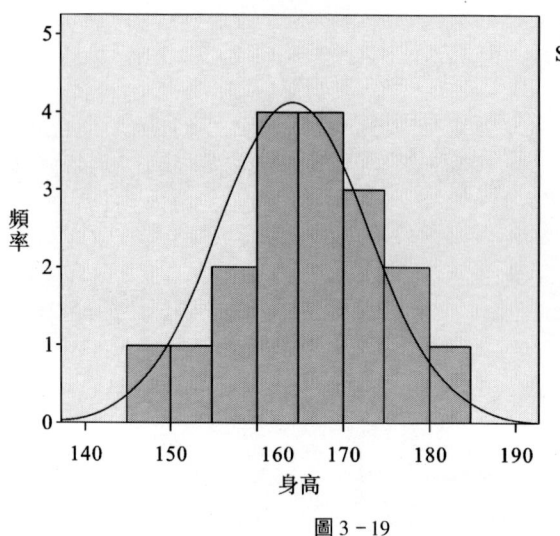

圖 3－19

【註解】圖 3－19 表示身高的直方圖（附正態分佈曲線）。

（4）分班級分別計算年齡、體重和身高的均值、標準差、均值標準誤差、偏度和峰度。

第一，進行分組：點擊 Data —— Split File，如圖 3－20 所示。

實驗三　統計量的描述性分析

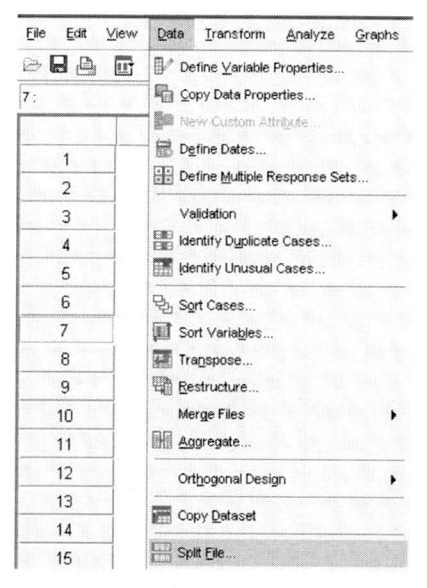

圖 3-20

選擇 ⊙ Compare groups，把分組變量「班級」移至 Groups Based on: 中，點擊 OK，如圖 3-21 所示。

圖 3-21

第二，進行描述性分析。

31

統計學基礎實驗（SPSS）

點擊 Analyze —— Descriptive Statistics —— Descriptives...，如圖 3-22 所示，得到如圖 3-23 所示對話框。

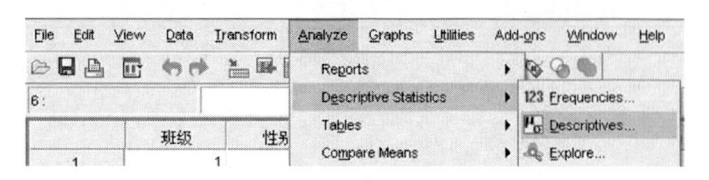

圖 3-22

圖 3-23

把年齡、體重和身高移至 Variable(s)，點擊 Options...，如圖 3-24 所示。

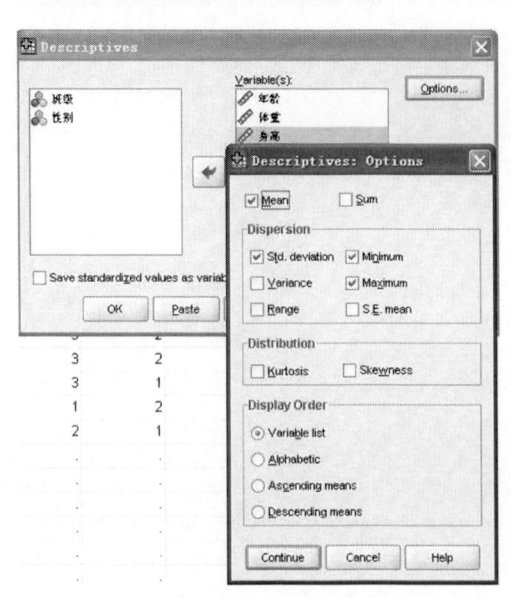

圖 3-24

選擇所求統計量，點擊 Continue — OK ，得到所求結論，如圖 3 - 25 所示。

描述統計量

班級		N 統計量	均值 統計量	均值 標準誤	標準差 統計量	偏度 統計量	偏度 標準誤	峰度 統計量	峰度 標準誤
1	年齡	6	23.00	.577	1.414	.000	.845	-.300	1.741
	體重	6	62.34	4.878	11.949	.147	.845	.827	1.741
	身高	6	156.33	2.860	7.005	.861	.845	.499	1.741
	有效的 N（列表狀態）	6							
2	年齡	6	22.17	.307	.753	-.313	.845	-.104	1.741
	體重	6	65.87	3.341	8.183	.724	.845	-.319	1.741
	身高	6	167.50	2.141	5.244	.000	.845	-.248	1.741
	有效的 N（列表狀態）	6							
3	年齡	6	22.50	.671	1.643	.000	.845	1.276	1.741
	體重	6	69.54	6.562	16.075	-.391	.845	-2.016	1.741
	身高	6	169.00	3.266	8.000	.320	.845	-1.759	1.741
	有效的 N（列表狀態）	6							

圖 3 - 25

【註解】圖 3 - 25 按班級進行分組，可求出年齡、體重和身高的均值、標準差、均值標準誤差、偏度、偏度的標準誤差、峰度和峰度的標準誤差。

【實戰應用】

參考某銀行居民存款調查數據，試對相關變量進行描述性分析。（調查數據請向 liongcq@163.com 索取）

（1）分析被調查者的戶口和收入的基本情況。
（2）分析儲戶存款金額的分佈情況。
（3）計算存款金額的基本描述統計量，並對城鎮和農村戶口進行比較分析。
（4）分析儲戶存款數量是否存在不均衡現象。

【分析報告】

【分析報告基本格式】

實驗項目			
實驗日期		實驗地點	
實驗目的			
實驗內容			
實驗步驟			
實驗結果			
實驗分析			
實驗小結			
備註			

實驗四　單樣本的 t 檢驗

【實驗目的】

1. 熟練掌握單樣本 t 檢驗的方法操作。
2. 準確掌握均值的置信區間求法。

【知識儲備】

1. 單樣本 t 檢驗的基本概念

假設檢驗是在小概率原理的基礎上，以樣本統計量的值來推斷總體參數的一種統計推理方法。單樣本 t 檢驗則是利用來自某一個正態總體的樣本數據，來推斷該總體的均值是否與指定的檢驗之間存在顯著性差異。

2. 單樣本 t 檢驗的基本步驟

（1）提出原假設。單樣本 t 檢驗的原假設為總體均值與指定檢驗值之間不存在顯著性差異，即 $H_0: \mu = \mu_0$，式中，μ 為總體均值，μ_0 為檢驗值。

（2）確定檢驗統計量。單樣本 t 檢驗中的檢驗統計量為：$t = \dfrac{\bar{X} - \mu_0}{\sqrt{s^2/n}}$，式中，$s^2$ 為樣本方差，$\bar{X}$ 為樣本均值，n 為樣本容量。

（3）統計決策。SPSS 中單樣本 t 檢驗的決策規則是比較 P 值。在給定顯著性水平 ∂ 的前提下，較小的 P 值是拒絕原假設的證據。

【實例演習】

【例】已知統計系兩個班各 8 名學生半期和期末的統計成績（見圖 4-1），試問：

（1）統計系學生期末的平均成績與 85 分在 95% 的置信度下是否具有顯著性差異？

（2）統計系學生期末平均成績在 95% 的置信度下的置信區間是多少？

實驗四　單樣本的 t 檢驗

	班級	半期成績	期末成績
1	1	66	76
2	1	86	71
3	1	96	85
4	1	92	96
5	1	92	82
6	1	54	60
7	1	78	78
8	1	91	95
9	2	92	91
10	2	92	93
11	2	93	96
12	2	86	92
13	2	89	91
14	2	91	91
15	2	89	88
16	2	70	70

圖 4-1

解：點擊 Analyze —— Compare Means —— One-Sample T Test...，如圖 4-2 所示，得到如圖 4-3 所示對話框。

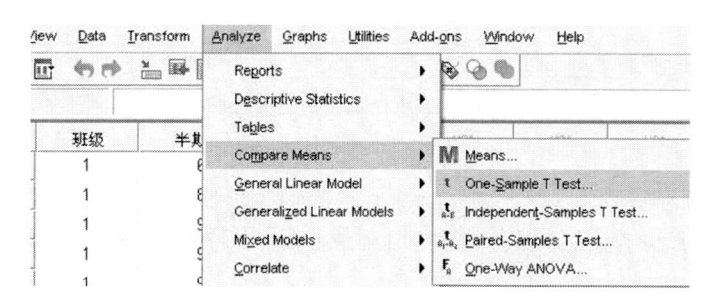

圖 4-2

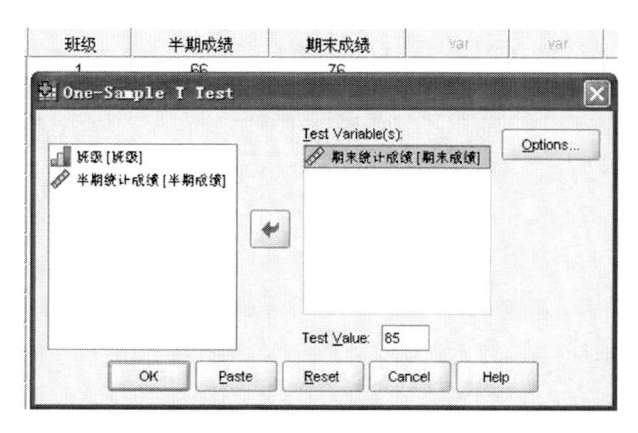

圖 4-3

35

把所求變量（期末成績）移至 Test Variable(s) 中，在 Test Value: 85 中輸入檢驗值 85。點擊 Options...，在 Confidence Interval: 95 % 中填入置信水平 95%。點擊 Continue，再點擊 OK，如圖 4-4 所示。

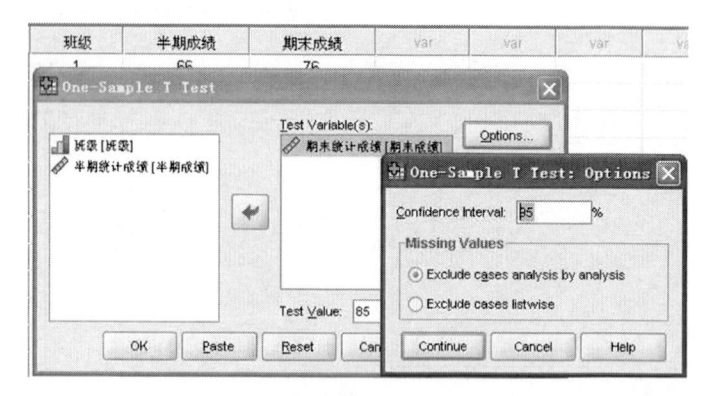

圖 4-4

得出單個樣本統計量結果，如圖 4-5 所示。

单个样本统计量

	N	均值	标准差	均值的标准误
期末统计成绩	16	84.69	10.818	2.705

圖 4-5

【註解】圖 4-5 是統計系兩個班 16 位學生期末成績的描述性分析，包含的統計量有：樣本量 $N=16$，平均成績 84.69，標準差 $\sigma=10.818$，均值的標準誤差 $\frac{\sigma}{\sqrt{n}}=2.705$。

单个样本检验

	检验值 = 85				差分的 95% 置信区间	
	t	df	Sig.(双侧)	均值差值	下限	上限
期末统计成绩	-.116	15	.910	-.312	-6.08	5.45

圖 4-6

【註解】圖 4-6 的單個樣本的檢驗結果是：

t 檢驗統計量：-0.116；自由度 $df=N-1=15$；

雙側概率 P 值（Sig.）$=0.910$。概率 P 值大於顯著性水平 $\alpha=0.05$，不應拒絕原假設，即統計系兩個班學生的期末平均成績與 85 分在 95% 的置信度下不存在顯著性差異。

統計系學生期末平均成績 95% 的置信區間為：$[85-6.08, 85+5.45]=[78.92, 90.45]$。

【實戰應用】

已知某銀行居民存款調查數據（數據見實驗三的【實戰應用】），試問：
(1) 某銀行居民的平均存款與 2,500 在 95% 的置信度下是否具有顯著性差異？
(2) 某銀行居民的平均存款在 95% 的置信度下的置信區間是多少？

【分析報告】

【分析報告基本格式】

實驗項目	
實驗日期	實驗地點
實驗目的	
實驗內容	
實驗步驟	
實驗結果	
實驗分析	
實驗小結	
備註	

實驗五　兩個獨立樣本的 t 檢驗

【實驗目的】

1. 熟練掌握兩個獨立樣本 t 檢驗的方法操作。
2. 準確掌握兩個獨立樣本均值的置信區間求法。

【知識儲備】

1. 兩個獨立樣本 t 檢驗的基本概念

兩個獨立樣本 t 檢驗是利用來自正態總體的兩個獨立樣本的數據，來推斷兩個總體的均值是否存在顯著性差異的一種統計推斷方法。

2. 兩個獨立樣本 t 檢驗的基本步驟

（1）提出原假設。兩個獨立樣本 t 檢驗的原假設為兩總體均值無顯著性差異，即 $H_0: \mu_1 - \mu_2 = 0$，式中，μ_1 和 μ_2 分別為第一個和第二個總體的均值。

（2）選擇檢驗統計量。

①當兩總體方差相等時，兩個獨立樣本 t 檢驗的統計量為：

$$t = \frac{|\bar{X}_1 - \bar{X}_2|}{s_c \sqrt{\frac{1}{n_1} + \frac{1}{n_2}}} \tag{5.1}$$

②當兩總體方差不相等時，比較兩個樣本的均值，需要先對變量進行適當變換，使樣本方差具有齊性，再利用上述 t 檢驗計算公式進行計算和分析。方差齊性檢驗用 F 統計量進行檢驗，其基本原理是通過判斷兩組樣本方差是否相等，間接地推斷出兩總體方差是否有顯著性差異。

（3）統計決策。給定顯著性水平 ∂ 後，首先需要利用 F 檢驗來判斷兩總體方差是否相等。

①如果 F 統計量的 P 值大於給定的顯著性水平 ∂，則可認為兩總體方差並無顯著性差異，此時可進一步觀察方差相等條件下的 t 檢驗結果，即如果 t 統計量的 P 值小於或等於給定的顯著性水平 ∂，則可認為兩總體均值之間存在顯著性差異。相反，如果 P 值大於給定的顯著性水平 ∂，則可認為兩總體均值之間不存在顯著性差異。

②如果進行 F 檢驗時，F 統計量的 P 值小於給定的顯著性水平 ∂，則認為兩總體方差有顯著性差異，此時需進一步查看方差不相等條件下的 t 檢驗結果。

【實例演習】

【例】已知統計系兩個班各 8 名學生半期和期末的統計成績，如圖 5－1 所示。

	班級	半期成績	期末成績
1	1	66	76
2	1	86	71
3	1	96	85
4	1	92	96
5	1	92	82
6	1	54	60
7	1	78	78
8	1	91	95
9	2	92	91
10	2	92	93
11	2	93	96
12	2	86	92
13	2	89	91
14	2	91	91
15	2	89	88
16	2	70	70

圖 5－1

試問：（1）在 95% 的置信度下統計系兩個班的學生的期末平均成績是否具有顯著性差異？

（2）統計系兩個班的學生的期末平均成績差的置信度為 95% 的置信區間是多少？

解：點擊 Analyze — Compare Means — Independent-Samples T Test...，如圖 5－2、圖 5－3 所示。

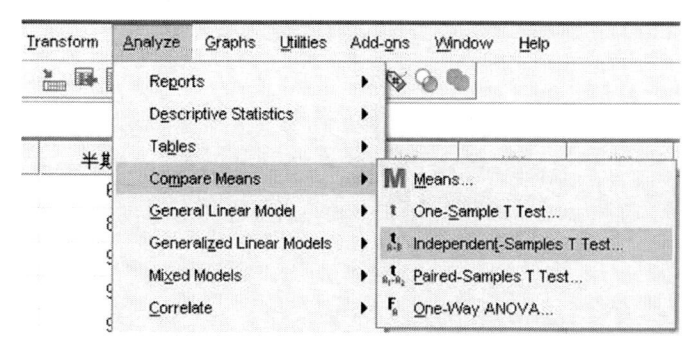

圖 5－2

統計學基礎實驗（SPSS）

图 5-3

把期末成績變量移至 Test Variable(s)：，把班級變量移至 Grouping Variable：，點擊 Define Groups...，彈出如圖 5-4 所示對話框。

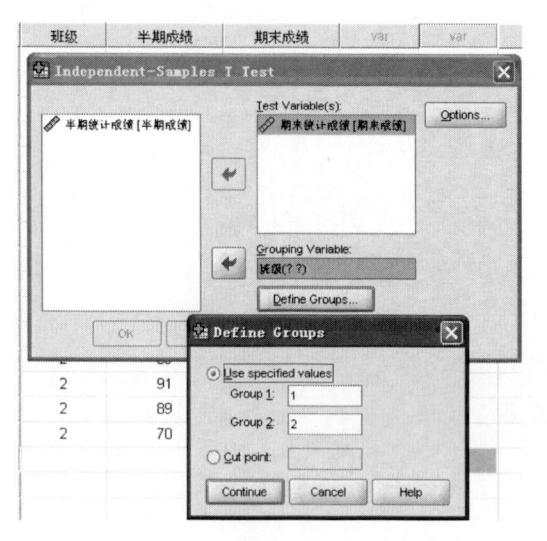

图 5-4

輸入分組變量值，點擊 Continue，然後點擊 Options...，指定置信水平 Confidence Interval: 95 %。點擊 Continue，再點擊 OK，如圖 5-5 所示。

40

實驗五 兩個獨立樣本的 t 檢驗

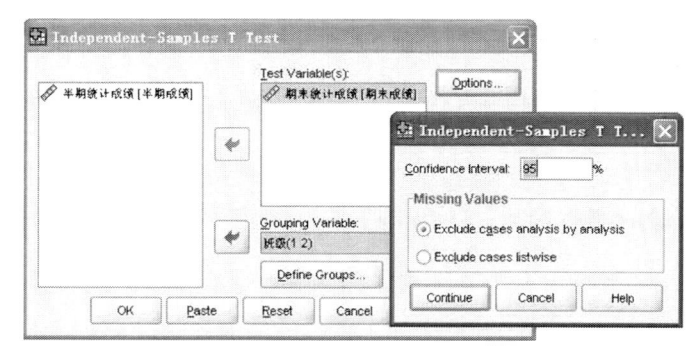

圖 5-5

得到統計結果，如圖 5-6 所示。

組統計量

	班級	N	均值	標準差	均值的標準誤差值
期末統計成績	一班	8	80.38	12.011	4.247
	二班	8	89.00	8.000	2.828

圖 5-6

【註解】圖 5-6 是關於兩獨立樣本 t 檢驗的基本描述統計量。

獨立樣本檢驗

		方差方程的 Levene 檢驗		均值方程的 t 檢驗					差分的 95% 置信區間	
		F	Sig.	t	df	Sig.(雙側)	均值差值	標準誤差值	下限	上限
期末統計成績	假設方差相等	1.610	.225	-1.690	14	.113	-8.625	5.102	-19.568	2.318
	假設方差不相等			-1.690	12.189	.116	-8.625	5.102	-19.723	2.473

圖 5-7

【註解】圖 5-7 是關於兩獨立樣本 t 檢驗的檢驗結果：

利用 F 檢驗對兩總體方差是否相等的檢驗：Levene 檢驗的 F 值 = 1.610，對應的 P 值（$Sig.$）= 0.225。概率 P 值大於顯著性水平 α = 0.05，不應拒絕原假設，即兩總體（兩個班成績）方差相等，通過了 Levene 方差齊性檢驗。

利用 t 檢驗對兩總體均值差是否存在顯著性差異的檢驗：

t 統計量值 = -1.690，對應的雙側概率 P 值（$Sig.$）= 0.113。概率 P 值大於顯著性水平 α = 0.05，不應拒絕原假設，即兩總體均值差（兩個班期末平均成績差）不存在顯著性差異。

兩個總體均值差（兩個班期末平均成績差）的置信度為 95% 的置信區間為 [-19.568, 2.318]。該置信區間包含 0，說明兩總體均值差不存在顯著性差異。

自由度 df = 14（= 8 + 8 - 2）；t 統計量的分子——兩個總體均值差的均值 = -8.625；t 統計量的分母——兩個總體均值差的標準誤差。

41

【實戰應用】

已知某銀行居民存款調查數據（調查數據請向 liongcq@163.com 索取），試問：
(1) 在95%的置信度下某銀行城鎮和農村戶口的平均存款是否具有顯著性差異？
(2) 某銀行城鎮和農村戶口的平均存款差的置信度為95%的置信區間是多少？

【分析報告】

【分析報告基本格式】

實驗項目			
實驗日期		實驗地點	
實驗目的			
實驗內容			
實驗步驟			
實驗結果			
實驗分析			
實驗小結			
備註			

實驗六　配對樣本的 t 檢驗

【實驗目的】

1. 熟練掌握兩個配對樣本 t 檢驗的方法操作。
2. 準確掌握兩個配對樣本均值的置信區間求法。

【知識儲備】

1. 配對樣本 t 檢驗的基本思想

配對樣本 t 檢驗是利用來自兩個正態總體的配對樣本數據，來推斷兩個總體的均值是否存在顯著性差異。它與獨立樣本 t 檢驗的主要區別是其樣本必須匹配。抽樣過程中兩個樣本數據的獲取不是相互獨立的，而是相互關聯的。配對樣本通常具有兩個特徵：第一，兩組樣本的樣本容量相同；第二，兩組樣本的觀測值先後順序一一對應，不能隨意更改。

2. 配對樣本 t 檢驗的基本步驟

（1）提出原假設。配對樣本 t 檢驗的原假設為兩總體均值無顯著性差異，即 $H_0: \mu_1 - \mu_2 = 0$，式中，μ_1 和 μ_2 分別為第一個和第二個總體的均值。

（2）選擇檢驗統計量。配對樣本 t 檢驗實際上是先求出每對觀測值之差，對差值變量求均值，再檢驗差值變量的均值之間的差異是否顯著為 0。如果差值變量的均值與 0 無顯著性差異，則說明兩總體均值之間無顯著性差異。配對樣本 t 檢驗的實質是將兩個配對樣本的 t 檢驗變換成單樣本 t 檢驗，檢驗統計量為：

$$t = \frac{\overline{X} - \mu_0}{\sqrt{\dfrac{s^2}{n}}} \qquad (6.1)$$

（3）做出統計決策。計算檢驗統計量的觀測值和對應的 P 值，並與給定的顯著性水平 ∂ 進行比較。SPSS 能夠自動計算兩組樣本的差值，然後再計算差值序列與 0 相比的 t 值及對應的 P 值。如果 P 值小於或等於給定的顯著性水平 ∂，則拒絕 H_0，認為兩總體均值之間存在顯著性差異。相反，如果 P 值大於給定的顯著性水平 ∂，則沒有理由拒絕 H_0，認為兩總體之間不存在顯著性差異。

統計學基礎實驗（SPSS）

【實例演習】

【例】已知統計系兩個班各 8 名學生半期和期末的統計成績，如圖 6-1 所示。

	班級	半期成績	期末成績
1	1	66	76
2	1	86	71
3	1	96	85
4	1	92	96
5	1	92	82
6	1	54	60
7	1	78	78
8	1	91	95
9	2	92	91
10	2	92	93
11	2	93	96
12	2	86	92
13	2	89	91
14	2	91	91
15	2	89	88
16	2	70	70

圖 6-1

試問：（1）在 95% 的置信度下統計系兩個班的學生的半期和期末的平均成績是否具有顯著性差異？

（2）統計系兩個班的學生的半期和期末成績差的置信度為 95% 的置信區間是多少？

解：點擊 Analyze — Compare Means — Paired-Samples T Test...，如圖 6-2 所示，得到如圖 6-3 所示對話框。

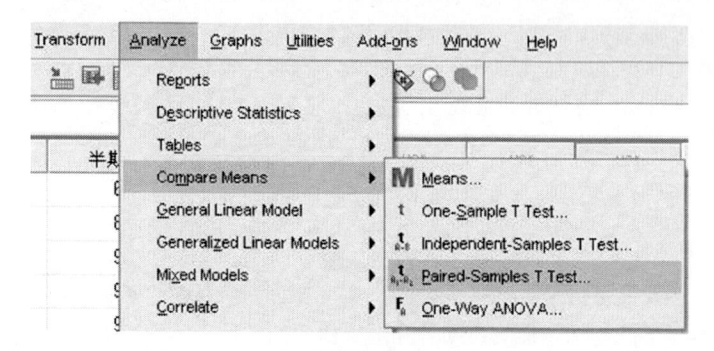

圖 6-2

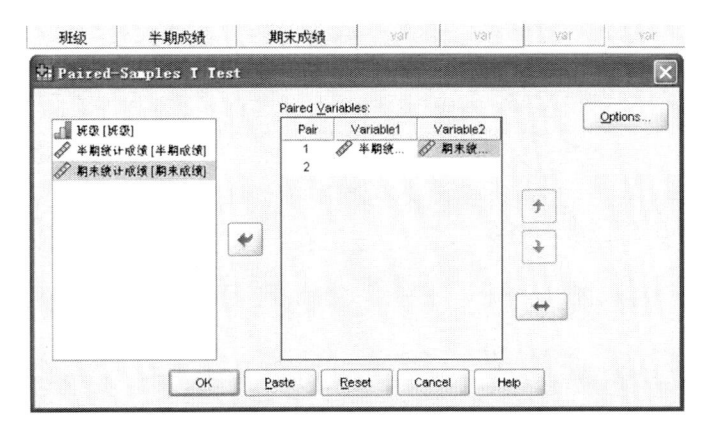

圖6-3

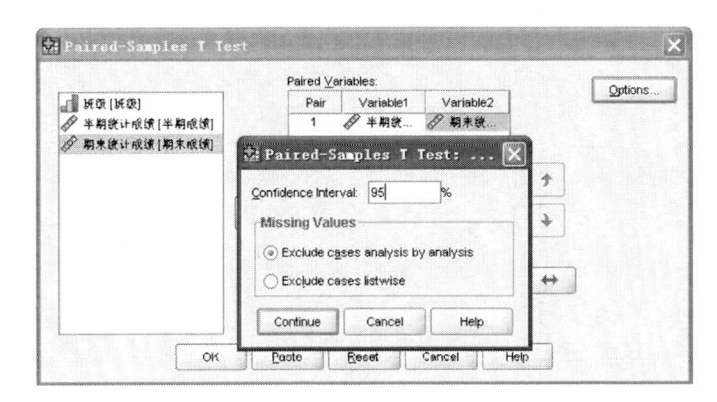

把配對的兩個變量移至 Paired Variables: 中，點擊 Options，指定置信水平 Confidence Interval: 95 %，點擊 Continue，再點擊 OK，如圖6-4所示。

圖6-4

得到統計結果，如圖6-5、圖6-6、圖6-7所示。

成对样本统计量

		均值	N	标准差	均值的标准误差值
对1	半期统计成绩	84.81	16	11.783	2.946
	期末统计成绩	84.69	16	10.818	2.705

圖6-5

【註解】圖6-5是配對樣本 t 檢驗的基本描述性統計分析，包括均值、樣本容量、標準差和均值的標準誤差。從兩對樣本的均值變化可以看出：二者的均值不完全相等，其離散程度也不完全相同。但是，這二者是否具有顯著性差異呢？這需要通過計算相應的 t 統計量來檢驗。

統計學基礎實驗（SPSS）

成對樣本相關系數

		N	相关系数	Sig.
对1	半期统计成绩 & 期末统计成绩	16	.830	.000

圖6-6

【註解】圖6-6是兩配對樣本 t 檢驗的相關分析，包括相關係數和檢驗的概率 P 值。

這兩個變量的相關係數為0.830，根據直觀的分析，說明二者具有高度的線性相關性。

對相關係數進行顯著性檢驗，如圖6-7所示，其概率 P 值＝0.000，小於顯著性水平0.05，拒絕原假設，即認為半期成績和期末成績具有一定的線性相關關係。

成對樣本檢驗

		成對差分							
		均值	标准差	均值的标准误差值	差分的95%置信区间 下限	上限	t	df	Sig.(双侧)
对1	半期统计成绩 - 期末统计成绩	.125	6.662	1.666	-3.425	3.675	.075	15	.941

圖6-7

【註解】圖6-7是兩配對樣本 t 檢驗的主要結果：

兩配對樣本的平均差值：半期成績和期末成績的平均差為0.125；

差值的標準差為6.662；

差值的均值標準誤差為1.666；

差值的置信度為95%的置信區間為 [-3.425, 3.675]；

t 統計量為0.075，自由度為15；

雙側概率 P 值＝0.941，大於顯著性水平0.05，接受原假設，即二者沒有顯著性差異。

【實戰應用】

現在收集35名通過一定的鍛煉進行減肥的女性在鍛煉前後的體重數據，試問：

(1) 在95%的置信度下鍛煉前後的女性的平均體重是否具有顯著性差異？

(2) 鍛煉前後的女性的平均體重差的置信度為95%的置信區間是多少？

【分析報告】

【分析報告基本格式】

實驗項目	
實驗日期	實驗地點
實驗目的	
實驗內容	
實驗步驟	
實驗結果	
實驗分析	
實驗小結	
備註	

實驗七　單樣本非參數檢驗

【實驗目的】

1. 掌握單樣本總體分佈的卡方檢驗。
2. 掌握單樣本總體分佈的二項式檢驗。
3. 掌握單樣本總體分佈的 K-S 檢驗。

【知識儲備】

非參數統計是相對於參數統計而言的。產儘參數模型推斷具有較高的精度，但若模型假定不成立，所做的推斷就可能存在較大的誤差，甚至錯誤。為了減少參數統計模型的模型偏差，非參數統計方法應運而生。隨著統計理論和計算機的發展，非參數方法從傳統的非參數檢驗（符合秩檢驗、雙樣本 Wilcoxon 檢驗、多樣本 Kruskal-Wallis 檢驗等）發展到非參數密度估計、條件密度估計、非參數迴歸模型、密度比模型、非參數時間序列模型等理論方法。在獨立隨機樣本的基礎上，將各種方法拓展到了刪失數據、測量數據、缺失數據和縱向數據等複雜結構的建模分析。本章主要介紹最基本的單樣本非參數檢驗方法。

1. 單樣本總體分佈的卡方檢驗

總體分佈的卡方檢驗方法是根據樣本數據，推斷其總體分佈與期望分佈或理論分佈是否吻合的一種統計檢驗方法。原假設 H_0：假定產生樣本數據的總體分佈與期望分佈或理論分佈無顯著性差異。其理論依據在於：若從隨機變量 X 中隨機抽取的樣本觀測值落入 X 的 k 個互不相交的子集中，其觀測頻數服從多項分佈；當 $k \to \infty$，該多項分佈近似服從卡方分佈。因此，可以通過對各觀測頻數的分析入手，去解決隨機變量 X 的總體分佈檢驗問題。典型的卡方檢驗統計量是 Pearson 卡方，其定義為：

$$\chi^2 = \sum_{i=1}^{k} \frac{(f_i^0 - f_i^e)}{f_i^0} \qquad (7.1)$$

其中，k 表示子集個數，f_i^0 表示第 i 個子集的觀測頻數，f_i^e 表示期望頻數。$\chi^2 \sim \chi^2(k-1)$。

設顯著性水平為 α，若概率 P 值 $> \alpha$，則不能拒絕原假設，認為產生樣本數據的總體分佈與期望分佈或理論分佈無顯著性差異；若概率 P 值 $< \alpha$，則拒絕原假設，認

為產生樣本數據的總體分佈與期望分佈或理論分佈存在顯著性差異。

2. 單樣本總體分佈的二項式檢驗

總體分佈的二項式檢驗是針對二值隨機變量，通過樣本數據檢驗產生樣本數據的總體是否服從給定概率值為 P 的二項分佈。其原假設 H_0：產生樣本數據的總體與給定的二項分佈無顯著性差異。在小樣本（30 個以下）情況下，SPSS 會自動選取精確的檢驗方法，計算 n 次試驗中「成功」出現的次數小於或等於 x 次的概率，即

$$P\{X \leq x\} = \sum_{i=0}^{x} C_n^i p^i q^{n-i} \tag{7.2}$$

在大樣本情況下，SPSS 會自動選取近似的檢驗方法，採用 Z 檢驗統計量。在原假設成立的條件下，Z 檢驗統計量近似服從正態分佈。其中

$$Z = \frac{x \pm 0.5 - np}{\sqrt{np(1-p)}} \tag{7.3}$$

當 $x < np$ 時，取「＋」；當 $x > np$ 時，取「－」。

若概率 P 值 $> \alpha$，則不能拒絕原假設，認為產生樣本數據的總體分佈與指定的二項分佈無顯著性差異；若概率 P 值 $< \alpha$，則拒絕原假設，認為產生樣本數據的總體分佈與指定的二項分佈存在顯著性差異。

3. 單樣本總體分佈的 K-S 檢驗

總體分佈的 K-S 檢驗是以蘇聯數學家柯爾莫哥洛夫和斯米諾夫的名字的首字母來命名的一種非參數檢驗方法。它是一種擬合優度檢驗方法，適用於推斷連續型隨機變量的分佈擬合。原假設 H_0：假定產生樣本數據的總體分佈與期望分佈或理論分佈無顯著性差異。SPSS 中的理論分佈主要包括均勻分佈、正態分佈、指數分佈、泊松分佈等。

單樣本總體分佈 K-S 檢驗的基本思想：首先，在原假設成立的前提下，計算各樣本觀測值 x_i 在理論分佈中的累計概率值 $F(x_i)$；其次，計算各樣本觀測值 x_i 的實際累計概率值，即經驗累計分佈 $S(x_i)$；最後，計算實際累計概率值與理論累計概率值的差值中的最大絕對差值，構建 K-S 檢驗統計量 $D(x) = \max(|S(x_i) - F(x_i)|)$。若實際累計概率值為離散值，則 D 統計量修正為：

$$D(x) = \max(|S(x_{i-1}) - F(x_i)|) \tag{7.4}$$

在大樣本下，當原假設成立時，$\sqrt{n}D$ 近似服從 K-S 分佈。其分佈函數 $K(x)$ 為：

$$K(x) = \begin{cases} \sum_{j=-\infty}^{\infty} (-1)^j \exp(-2j^2 x^2) & D > 0 \\ 0 & D \leq 0 \end{cases} \tag{7.5}$$

設顯著性水平為 α，若概率 P 值 $> \alpha$，則不能拒絕原假設，認為產生樣本數據的總體分佈與期望分佈或理論分佈無顯著性差異；若概率 P 值 $< \alpha$，則拒絕原假設，認為產生樣本數據的總體分佈與期望分佈或理論分佈存在顯著性差異。

【實例演習】

【例1】人類自古以來就喜歡玩骰子游戲，一個骰子有 6 面，根據擲骰子出現的點

數來決定勝負。一個基本問題是：在擲骰子前，怎麼判斷這個骰子出現各面的機會是均等的？我們可以通過伯努利實驗，得到一個骰子重複擲 300 次，分別出現 1、2、3、4、5、6 點的結果，如表 7-1 所示。

表 7-1　　　　　　　　　擲骰子實驗觀測結果

點數 X	1	2	3	4	5	6
頻數 f	40	58	42	56	62	42

試問：這顆骰子是否均勻？

第一步：先將表 7-1 轉化為 SPSS 文件格式，如圖 7-1 所示。

X	f
1	40
2	58
3	42
4	56
5	62
6	42

圖 7-1

第二步：對頻數變量進行加權，如圖 7-2 所示。

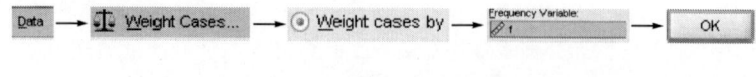

Data → Weight Cases... → ● Weight cases by → Frequency Variable: f → OK

圖 7-2

第三步：進行卡方檢驗，如圖 7-3 所示。

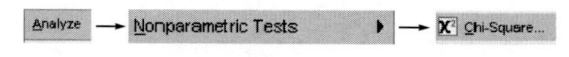

Analyze → Nonparametric Tests → X^2 Chi-Square...

圖 7-3

將骰子點數變量 X 移入 Test Variable List: 對話框中。由於這是一個均勻分佈檢驗，因此在 Expected Values 中選擇系統默認值 ● All categories equal 即可。若是其他分佈檢驗，則需要選擇 ○ Values: ＿＿＿，在其中輸入相應理論期望值，再單擊 OK 按鈕。

圖 7-4 表示的是骰子點數的實際觀測值、理論期望頻數和殘差（觀測頻數－期望頻數）。

該統計檢驗的卡方值 =9.440，自由度 df =5，在原假設成立下的漸近顯著性概率 P 值 =0.093，如圖 7-5 所示。因為概率 P 值 >0.05，接受原假設（該骰子 6 個面出現點數的機會是均等的），故通過卡方檢驗判定：該骰子是均勻的。

骰子点数变量

	观察数	期望数	残差
1	40	50.0	-10.0
2	58	50.0	8.0
3	42	50.0	-8.0
4	56	50.0	6.0
5	62	50.0	12.0
6	42	50.0	-8.0
总数	300		

圖 7－4

检验统计量

	骰子点数变量
卡方	9.440ª
df	5
渐近显著性	.093

a. 0个单元 (.0%) 具有小于 5 的期望频率。单元最小期望频率为 50.0。

圖 7－5

【例2】現隨機抽取某批產品中的 30 個樣品進行檢驗，其檢驗結果如表 7－2 所示。

表 7－2　檢驗結果

合格（1）	24
不合格（0）	6

現利用二項分佈檢驗方法，檢驗這批產品的合格率是否低於 90%。

第一步：先將表 7－2 轉化為 SPSS 文件格式，如圖 7－6 所示。

X	频数
合格	24
不合格	6

圖 7－6

第二步：對頻數變量進行加權，如圖 7－7 所示。

Data → Weight Cases... → ⦿ Weight cases by　Frequency Variable: 频数 → OK

圖 7－7

第三步：進行二項分佈檢驗，如圖 7－8 所示。

統計學基礎實驗（SPSS）

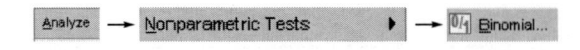

```
Analyze → Nonparametric Tests ▶ Binomial...
```

圖 7 - 8

將骰子點數變量 X 移入 Test Variable List: 對話框中，如圖 7 - 9 所示。

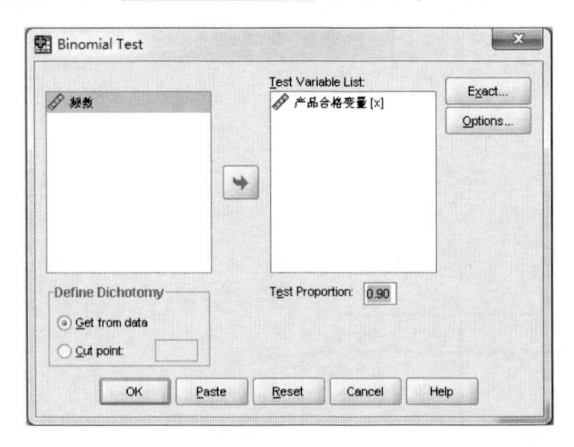

圖 7 - 9

在 Test Proportion: 0.90 中輸入檢驗概率值 0.9，單擊 OK 按鈕，得到如圖 7 - 10 所示結果。

二項式檢驗

		類別	N	觀察比例	檢驗比例	漸近顯著性（單側）
產品合格變量	組 1	合格	24	.8	.9	.073 a, b
	組 2	不合格	6	.2		
	總數		30	1.0		

a. 備擇假設規定第一組中的案例比例小于 .9。
b. 基于 Z 近似值。

圖 7 - 10

【註解】由圖 7 - 10 可知，30 個樣品中，有 24 個合格品，占 80%；檢驗值 = 0.9；SPSS 判斷 30 個樣本為大樣本，自動計算出漸近顯著性概率 P 值 = 0.073。由於概率 P 值 > 0.05，接受原假設（合格品率不低於 0.9），故合格品率應該大於或等於 0.9。

【例 3】物理學家盧瑟福與蓋革在一個著名的放射性物質實驗中，記錄了放射性物質在每 7.5 秒的時間間隔裡到達蓋革計數器的 α 粒子數 X，如表 7 - 3 所示。

表 7 - 3　　　　　　　　　　　放射性物質的觀測結果

X	0	1	2	3	4	5	6	7	8	9	10
頻數	37	203	383	525	532	408	273	139	45	27	16

試問：該分佈是否服從泊松分佈？

第一步：先將表7-3轉化為SPSS文件格式，如圖7-11所示。

X	頻數
0	57
1	203
2	383
3	525
4	532
5	408
6	273
7	139
8	45
9	27
10	16

圖7-11

第二步：對頻數變量進行加權，如圖7-12所示。

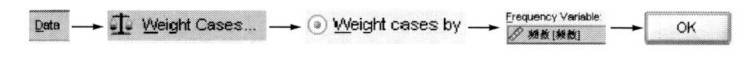

Data → Weight Cases... → ⊙ Weight cases by → Frequency Variable: 頻數[頻數] → OK

圖7-12

第三步：進行卡方檢驗，如圖7-13所示。

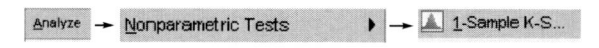

Analyze → Nonparametric Tests → 1-Sample K-S...

圖7-13

將骰子點數變量 X 移入 Test Variable List: 對話框中，如圖7-14所示。

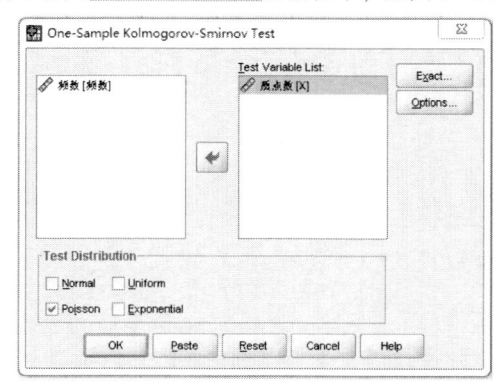

圖7-14

在 Test Distribution 中選擇 ☑ Poisson，單擊 OK 按鈕。由圖 7-15 可知，樣本量 $N=2,608$，Poisson 分佈參數均值 $\lambda=3.87$；最大極端差異絕對值 $=0.012$，最大極端差異正數值 $=0.010$，最大極端差異負數值 $=-0.012$。K-S 檢驗的 Z 值 $=0.611$，漸近顯著性概率 P 值 $=0.850$。由於概率 P 值 >0.05，接受原假設（該分佈服從泊松分佈），故 α 粒子數 $X \sim P(\lambda)$。

单样本 Kolmogorov-Smirnov 检验

		质点数
N		2608
Poisson 参…	均值	3.87
最极端差别	绝对值	.012
	正	.010
	负	-.012
Kolmogorov-Smirnov Z		.611
渐近显著性(双侧)		.850

a. 检验分布为 Poisson 分布。

圖 7-15

【實戰應用】

現有關於 100 名成年人某一項身體指標的數據，我們要檢驗它是否服從正態分佈 $N(7.36, 0.16)$。理論期望值如表 7-4 所示。

表 7-4　　　　　　　　　　　　　　理論期望值

組限	6.6	6.8	7.0	7.2	7.4	7.6	7.8	8.0
組內頻數	6.4	9.5	15.7	20.1	19.4	14.6	8.6	5.7

【分析報告】

【分析報告基本格式】

實驗項目			
實驗日期		實驗地點	
實驗目的			
實驗內容			
實驗步驟			

表(續)

實驗結果	
實驗分析	
實驗小結	
備註	

實驗八 兩獨立樣本非參數檢驗

【實驗目的】

掌握兩獨立樣本非參數檢驗的基本方法。

【知識儲備】

當對總體分佈瞭解較少時,對兩組獨立樣本的檢驗,常應用兩獨立樣本的非參數檢驗方法,推斷產生樣本的兩個獨立總體分佈是否存在顯著性差異。SPSS 提供了兩獨立樣本非參數檢驗的主要方法:曼-惠特尼(Mann-Whitney)U 檢驗、K-S 檢驗、遊程檢驗(Wald-Wolfwitz Runs)和極端反應(Moses Extreme Reaction)檢驗等。

原假設 H_0:產生兩個獨立樣本的總體分佈無顯著性差異。

1. 曼-惠特尼(Mann-Whitney)U 檢驗

Mann-Whitney U 檢驗通過對兩個樣本平均秩的分析進行推斷。其中秩指變量值排序的位次,即將數據按升序排序時,每個變量值在整個變量值序列中的位置或位次。

Mann-Whitney U 檢驗的基本思想是:首先,將兩個樣本數據 $(X_1, X_2, \cdots, X_m)$ 和 $(Y_1, Y_2, \cdots, Y_n)$ 混合後,按升序排序,求得每個觀測數據各自的秩 R_i。其次,分別對樣本 $(X_1, X_2, \cdots, X_m)$ 和 $(Y_1, Y_2, \cdots, Y_n)$ 的秩求平均值,得到兩個平均秩 $\frac{W_X}{m}$、$\frac{W_Y}{n}$,其中 W_X、W_Y 為秩和統計量。再次,計算樣本 $(X_1, X_2, \cdots, X_m)$ 中每個秩先於樣本 $(Y_1, Y_2, \cdots, Y_n)$ 中每個秩的個數 U_1,和樣本 $(Y_1, Y_2, \cdots, Y_n)$ 中每個秩先於樣本 $(X_1, X_2, \cdots, X_m)$ 中每個秩的個數 U_2,即

$$U_1 = \frac{W_X - 1}{2m(m+1)}, U_2 = \frac{W_Y - 1}{2n(n+1)}, U_1 + U_2 = m \times n \tag{8.1}$$

最後,計算 Wilcoxon W 統計量和 Mann-Whitney U 檢驗統計量。Wilcoxon W 統計量是 U_1 和 U_2 中的較小者所對應的秩和。Mann-Whitney U 檢驗統計量為:

$$U = W - \frac{1}{2}k(k+1) \tag{8.2}$$

其中,W 表示 Wilcoxon W 統計量,k 表示 W 對應的秩和所在組的樣本量。

在小樣本時,Mann-Whitney U 檢驗統計量服從 Mann-Whitney 分佈,依據 U 統計

量進行決策；在大樣本時，Mann-Whitney U 檢驗統計量近似服從 Mann-Whitney 分佈，其中

$$Z = \frac{U - \frac{1}{2}mn}{\sqrt{\frac{1}{12}nm(m+n+1)}} \quad (8.3)$$

依據 Z 統計量進行決策。

設顯著性水平為 α，若概率 P 值 > α，則不能拒絕原假設，認為產生樣本數據的總體分佈與指定的二項分佈無顯著性差異；若概率 P 值 < α，則拒絕原假設，認為產生樣本數據的總體分佈與指定的二項分佈存在顯著性差異。

2. 遊程檢驗（Wald-Wolfwitz Runs）

兩獨立樣本的遊程檢驗中，遊程數依賴於變量的秩。其基本思想是：首先，將兩樣本混合後，按照升序排序；其次，對組標記值序列計算遊程數；最後，根據遊程數計算 Z 統計量：

$$Z = \frac{r - \frac{2n_1 n_2}{n_1 + n_2} - 1}{\sqrt{\frac{2n_1 n_2 (2n_1 n_2 - (n_1 + n_2))}{(n_1 + n_2)^2 (n_1 + n_2 - 1)}}} \quad (8.4)$$

其中，r 表示遊程數，n_1、n_2 分別表示樣本量。

若概率 P 值 > α，則不能拒絕原假設，認為產生樣本數據的總體分佈與指定的二項分佈無顯著性差異；若概率 P 值 < α，則拒絕原假設，認為產生樣本數據的總體分佈與指定的二項分佈存在顯著性差異。

3. 極端反應（Moses Extreme Reaction）檢驗

極端反應檢驗的基本思想是：將一個樣本作為控制樣本，另一個樣本作為實驗樣本。以控制樣本作為對照樣本，檢驗實驗樣本相對於控制樣本是否出現了極端反應，即控制樣本和實驗樣本的極值是否存在顯著性差異。若沒有出現極端反應，概率 P 值 > α，則不能拒絕原假設，認為兩總體分佈無顯著性差異；若存在極端反應，概率 P 值 < α，則拒絕原假設，認為兩總體分佈存在顯著性差異。

【實例演習】

【例】已知統計系兩個班各 8 名學生期末的統計成績（見圖 8-1），由於成績分佈未知，試利用非參數檢驗方法判定統計系兩個班的學生的期末平均成績，在顯著性水平為 0.05 時，是否具有顯著性差異？

點擊 Analyze，再點擊 Nonparametric Tests 和 2 Independent Samples...，將期末成績變量移入 Test Variable List: 對話框中，將班級變量移入 Grouping Variable: 對話框中，如圖 8-2 所示。

統計學基礎實驗（SPSS）

	班級	期末成績
1	1	76
2	1	71
3	1	85
4	1	96
5	1	82
6	1	60
7	1	78
8	1	95
9	2	91
10	2	93
11	2	96
12	2	92
13	2	91
14	2	91
15	2	88
16	2	70

圖 8-1

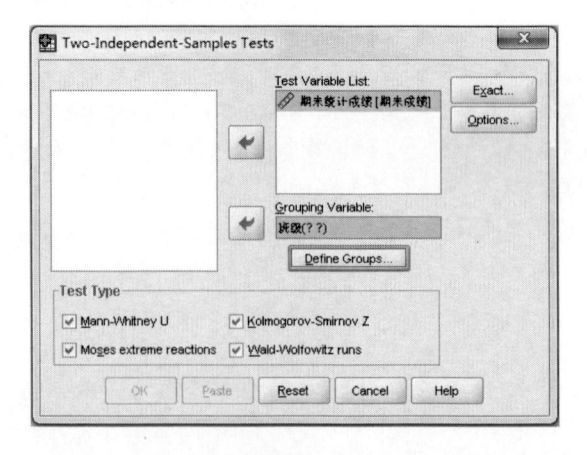

圖 8-2

點擊 Define Groups... ，在分組對話框的 Group 1: 和 Group 2: 中，分佈輸入 1 和 2，再點擊 Continue ，如圖 8-3 所示。在 Test Type 中，選擇非參數檢驗方法，單擊 OK ，得到兩個班級的秩均值和秩和，如表 8-1 所示。

實驗八　兩獨立樣本非參數檢驗

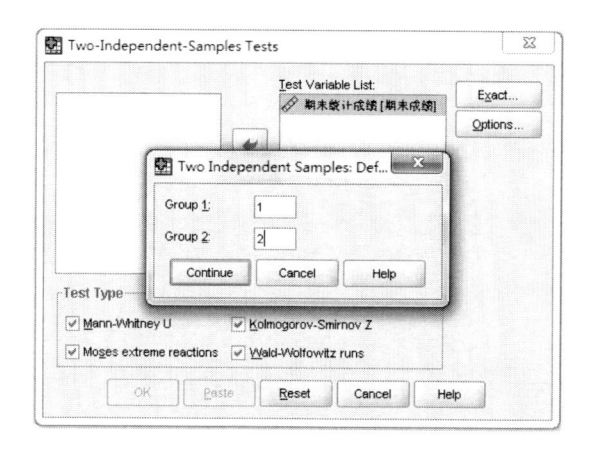

圖 8-3

表 8-1　　　　　　　　　　　兩個班級的秩均值和秩和

		N	秩均值	秩和
期末統計成績	一班	8	6.94	55.50
	二班	8	10.06	80.50
	總數	16		

【註解】表 8-1 中，兩個班分別抽取了 8 個樣本數據，兩個秩和分別為 55.50、80.50。

Mann-Whitney U 檢驗結果如表 8-2 所示。

表 8-2　　　　　　　　　　　檢驗統計量[b]

	期末統計成績
Mann-Whitney U	19.500
Wilcoxon W	55.500
Z	-1.318
漸近顯著性（雙側）	0.188
精確顯著性 [2*（單側顯著性）]	0.195[a]

註：a. 沒有對結果進行修正；b. 分組變量：班級。

【註解】選擇一班的秩和來計算 Wilcoxon W 統計量（見圖 8-2）。Mann-Whitney U 檢驗統計量 19.500，Z 檢驗統計量為 -1.318。由於是小樣本，選擇精確顯著性概率 P 值 =0.195。因為概率 P 值 >0.05，接受原假設（兩個班期末成績不存在顯著性差異），故兩個班期末成績差不多。

雙樣本 Kolmogorov-Smirnov 檢驗結果如表 8-3 所示。

表 8－3　　　　　　　　　　　　　檢驗統計量[a]

		期末統計成績
最極端差別	絕對值	0.625
	正	0.625
	負	－0.125
Kolmogorov-Smirnov Z		1.250
漸近顯著性（雙側）		0.088

註：a. 分組變量：班級。

【註解】 表 8－3 中，兩個班的期末成績累計概率的最大絕對差 ＝0.625；Kolmogorov-Smirnov Z ＝1.250，漸近顯著性概率 P 值 ＝0.088。由於概率 P 值 ＞0.05，接受原假設，即兩個班期末成績差不多。

【實戰應用】

為了檢驗是否存在顯著性差異，我們從生產出來的產品中隨機選取了 20 個產品（第一種 11 個，第二種 9 個）。由於產品的壽命分佈未知，試利用非參數檢驗方法判定這兩種工藝生產出來的產品的壽命是否存在顯著性差別？

【分析報告】

【分析報告基本格式】

實驗項目	
實驗日期	實驗地點
實驗目的	
實驗內容	
實驗步驟	
實驗結果	
實驗分析	
實驗小結	
備註	

實驗九　單因素方差分析

【實驗目的】

1. 熟練掌握單因素方差分析基本思想和方法。
2. 熟練掌握單因素方差分析的 SPSS 操作技能。

【知識儲備】

1. 單因素方差分析的基本概念

方差分析是檢驗兩個或兩個以上的樣本均值之間的差異是否具有統計學意義的一種方法，目的是推斷兩個或兩個以上的總體均值是否相同。它所研究的是分類型自變量對數值型因變量的影響。當只涉及一個分類型自變量時，該分析稱為單因素方差分析；涉及兩個或兩個以上的分類型自變量時，則稱為多因素方差分析。

2. 單因素方差分析的基本思路

不同處理下的樣本均值之間的誤差（SST）有兩個來源：

（1）組內誤差（SSE）。組內誤差由樣本的隨機性造成。

（2）組間誤差（SSA）。組間誤差由不同處理下對應的總體均值水平高低不同造成。

SSE、SSA 各自除以其自由度，得組內均方（MSE）和組間均方（MSA）：

$$MSE = \frac{SSE}{n-r} \tag{9.1}$$

$$MSA = \frac{SSA}{r-1} \tag{9.2}$$

兩者的比值服從 F 分佈，分子自由度為 $(r-1)$，分母自由度為 $(n-r)$。

$$F = \frac{MSA}{MSE} \tag{9.3}$$

F 統計量的值偏大是總體均值存在明顯差異的證據。

3. 單因素方差分析的基本步驟

（1）建立假設，$H_0: \mu_1 = \mu_2 = \cdots \mu_r = \mu$，$H_1: \mu_1, \mu_2, \cdots, \mu_r$ 並不都相等。

（2）計算樣本均值：

$$\bar{\bar{X}} = \frac{\sum_{j=1}^{r}\sum_{i=1}^{n_j} X_{ij}}{n_T} \tag{9.4}$$

(3) 計算總樣本均值：

$$\bar{X}_j = \frac{\sum_{i=1}^{n_j} X_{ij}}{n_j} \tag{9.5}$$

(4) 計算樣本方差：

$$s_j^2 = \frac{\sum_{i=1}^{n_j}(X_{ij} - \bar{X}_j)}{n_j - 1} \tag{9.6}$$

(5) 計算總體方差的組間估計：

$$MSA = \frac{SSA}{r-1} = \frac{\sum_{j=1}^{r}(\bar{X}_j - \bar{\bar{X}})^2}{r-1} \tag{9.7}$$

(6) 計算總體方差的組內估計：

$$MSE = \frac{SSE}{n_T - r} = \frac{\sum_{j=1}^{r}(n_j - 1)s_j^2}{n_T - r} \tag{9.8}$$

(7) 給定顯著性水平 ∂。
(8) 計算 F 統計量的值：

$$F = \frac{MSA}{MSE} \tag{9.9}$$

(9) 編製方差分析表。方差分析表的一般格式如表 9-1 所示。

表 9-1　　　　　　　　　　　　方差分析表

方差來源	離差平方和 SS	自由度	均方 MS	F 統計量
水平項（組間）	$SSA = \sum_{i=1}^{k} n_i(\bar{x}_i - \bar{x})^2$	$k-1$	$MSA = SSA/(k-1)$	$F = MSA/MSE$
誤差項（組內）	$SSE = \sum_{i=1}^{k}\sum_{j=1}^{n_i}(x_{ij} - \bar{x}_i)^2$	$n-k$	$MSE = SSE/(n-k)$	
總和	$SST = \sum_{i=1}^{k}\sum_{j=1}^{n_i}(x_{ij} - \bar{x})^2$	$n-1$		

(10) 做出統計決策。

4. 單因素方差中的多重比較

如果經過上述步驟推斷出總體均值之間存在顯著差異，接下來的問題就是確定自變量的不同水平對因變量的影響程度如何，其中哪些水平的作用明顯區別於其他水平，哪些水平的作用不顯著。這就要用到多重比較分析方法。

多重比較是利用樣本數據，對各個水平下的總體均值逐一進行兩兩比較檢驗。由於所採用的檢驗統計量不同，多重比較有許多具體方法，最常用的是最小顯著性差異法（LSD 法），檢驗的統計量是一個 t 統計量。

【實例演習】

【例】為了尋求高產水稻品種，現選擇三種不同的品種進行試驗，每一品種在四塊試驗田上試種，得到在每一塊田上的畝（1 畝約等於 667 平方米，下同）產量如表 9–2 所示。假定每種品種的畝產量服從正態分佈 $X_i \sim N(\mu_i, \sigma^2)$，$i=1, 2, 3$。試檢驗這三個品種的平均畝產量間有無明顯差異（$\alpha=0.05$）。

表 9–2　　　　　　　　　　不同水稻品種的畝產量對比

水稻品種	試驗數據			
A_1	103	101	98	110
A_2	113	107	108	116
A_3	82	92	84	86

第一，把數據轉化成 SPSS 文件數據，如圖 9–1 所示。

	水稻品种	亩产量
1	1	103
2	1	101
3	1	98
4	1	110
5	2	113
6	2	107
7	2	108
8	2	116
9	3	82
10	3	92
11	3	84
12	3	86

圖 9–1

第二，點擊 Analyze — Compare Means — One-Way ANOVA，如圖 9–2（a）所示，把觀測變量移至 Dependent List，把控制變量移至 Factor 中，如圖 9–2（b）所示。

統計學基礎實驗（SPSS）

(a)

(b)

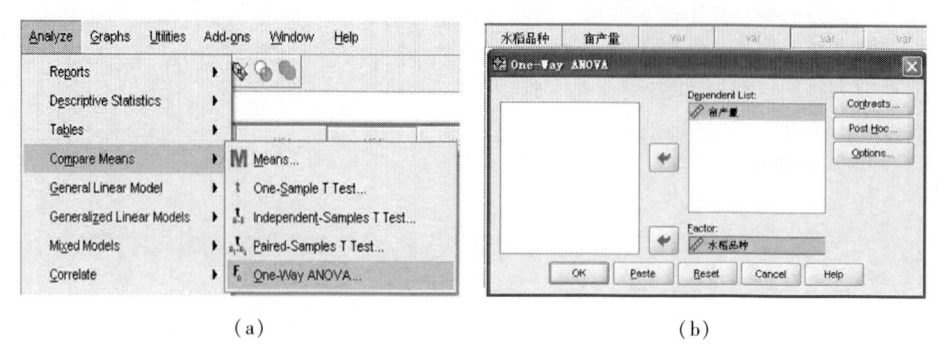

圖 9 - 2

第三，對方差分析的前提條件進行檢驗，點擊 Options... ，如圖 9 - 3 所示。

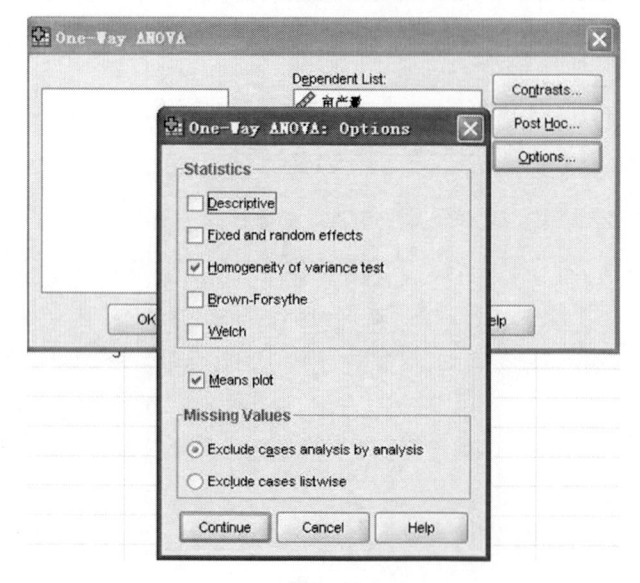

圖 9 - 3

選擇 ☑ Homogeneity of variance test ，進行方差齊性檢驗，如圖 9 - 4 所示。選擇 ☑ Means plot ，輸出各水平下觀測變量均值的折線圖。點擊 Continue ，再點擊 OK ，就進行了方差分析，如圖 9 - 4、圖 9 - 5、圖 9 - 6 所示。

方差齐性检验

畝產量

Levene 統計量	df1	df2	显著性
.056	2	9	.946

圖 9 - 4

【註解】圖 9 - 4 是方差齊性檢驗結果：Levene 統計量值為 0.056，對應的概率

64

P 值 = 0.946，大於顯著性水平 0.05，不應拒絕原假設，即認為三種不同品種的水稻的畝產量的總體方差無顯著性差異，滿足方差分析的前提條件。

ANOVA

畝產量

	平方和	df	均方	F	顯著性
組間	1304.000	2	652.000	31.213	.000
組內	188.000	9	20.889		
總數	1492.000	11			

圖 9 - 5

【註解】圖 9 - 5 是不同品種對畝產量單因素方差分析結果：觀測變量畝產量的總離差平方和 = 1,492。其中不同品種對畝產量產生的（組間）離差平方和 = 1,304，對應的方差 = 652；抽樣誤差所引起的（組內）離差平方和 = 188，對應的方差 = 20.889。

F 統計量 = 組間離差平方和對應的方差 ÷ 組內離差平方和對應的方差
 = 652 ÷ 20.889 = 31.213；

F 統計量對應的概率 P 值 = 0.000，小於顯著性水平 0.05，則應拒絕原假設，認為這三種不同品種對畝產量產生了顯著性影響，或不同品種對畝產量的影響效應不全為 0。

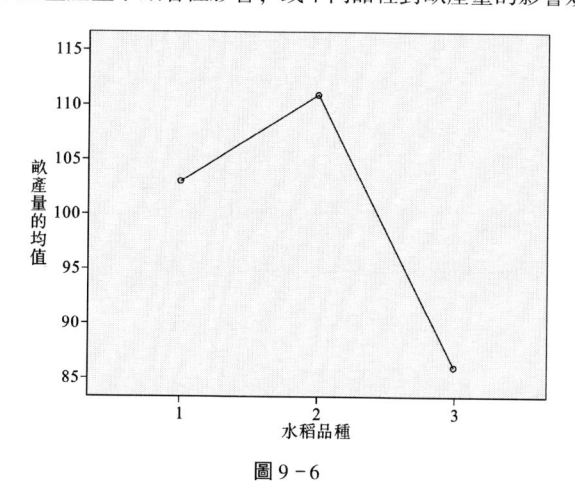

圖 9 - 6

【註解】圖 9 - 6 表示三種不同品種的畝產量的均值的折線圖。

根據上面的單因素方差分析的基本分析得出：控制變量（品種）對觀測變量（畝產量）產生了顯著性影響。控制變量（品種）的不同水平對觀測變量（畝產量）的影響程度到底如何呢？這需要做進一步的分析。

第四，多重比較檢驗。

點擊 Post Hoc...，如圖 9 - 7 所示。

統計學基礎實驗（SPSS）

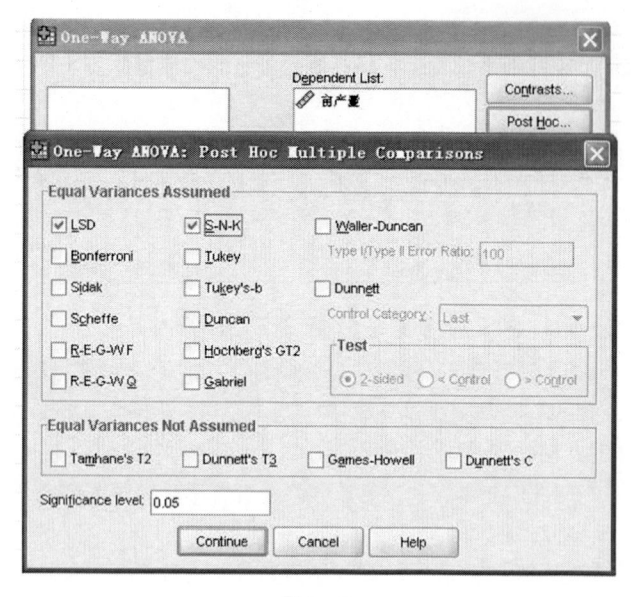

圖 9－7

選擇多重比較檢驗的方法：☑LSD 和 ☑S-N-K，再點擊 Continue → OK ，如圖 9－8 所示。

多重比較

畝產量
LSD

(I)水稻品种	(J)水稻品种	均值差(I-J)	标准误	显著性	95% 置信区间 下限	上限
1	2	-8.000*	3.232	.035	-15.31	-.69
	3	17.000*	3.232	.001	9.69	24.31
2	1	8.000*	3.232	.035	.69	15.31
	3	25.000*	3.232	.000	17.69	32.31
3	1	-17.000*	3.232	.001	-24.31	-9.69
	2	-25.000*	3.232	.000	-32.31	-17.69

*. 均值差的显著性水平为 0.05。

圖 9－8

【註解】圖 9－8 的第一、二列分別是水稻品種產量的均值差和標準誤，相除得檢驗統計量的觀測值。第四、五列是水稻品種產量均值差的 95% 的置信區間的上、下限。
第三列是檢驗統計量的概率 P 值：

水稻品種 1 與品種 2 的概率 P 值 = 0.035，小於顯著性水平 0.05，說明水稻品種 1 與品種 2 的產量均值具有顯著性差異；

水稻品種 1 與品種 3 的概率 P 值 = 0.001，小於顯著性水平 0.05，說明水稻品種 1 與品種 3 的產量均值具有顯著性差異；

水稻品種 2 與品種 3 的概率 P 值 = 0.000，小於顯著性水平 0.05，說明水稻品種 2

與品種 3 的產量均值具有顯著性差異。

圖 9-9 是多重比較的相似性子集劃分：形成了 3 個相似性子集，說明三組的均值有顯著性差異，而組內的相似性概率為 1。若從水稻產量的角度選擇水稻品種，則水稻品種 3 是最差的。

同类子集

亩产量

	水稻品种	N	alpha = 0.05 的子集		
			1	2	3
Student-Newman-Keuls^a	3	4	86.00		
	1	4		103.00	
	2	4			111.00
显著性			1.000	1.000	1.000

将显示同类子集中的组均值。

a. 将使用调和均值样本大小 = 4.000。

圖 9-9

第五，趨勢檢驗。

若需要考察隨著控制變量（水稻品種）水平的變化，觀測變量值（水稻產量）變化的總體趨勢如何，需要進一步進行趨勢檢驗。這時要求控制變量是定序變量。假定水稻的不同品種的差異體現在含鐵量的多少上（編號大的含鐵高），那麼我們需要分析隨著含鐵量的增高，水稻產量是否呈現某種趨勢性的變化規律。

對水稻品種進行線性趨勢檢驗：

點擊 Contrasts... ，選擇 ☑ Polynomial 中的 Linear，點擊 Continue，如圖 9-10 所示，得出如圖 9-11、圖 9-12 所示的結論。

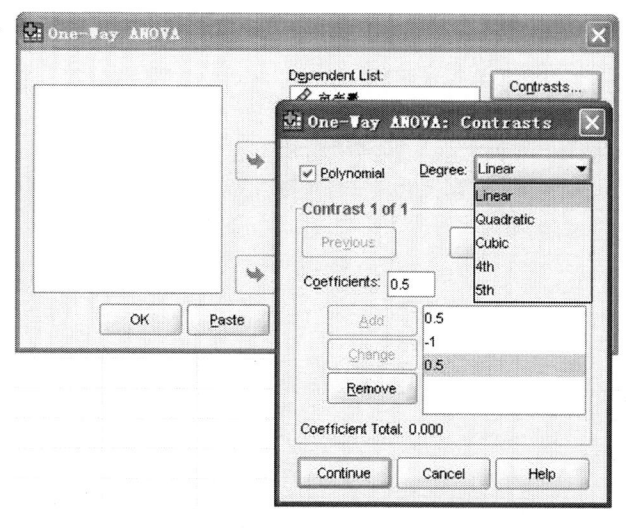

圖 9-10

ANOVA

亩产量

		平方和	df	均方	F	显著性
组间	（组合）	1304.000	2	652.000	31.213	.000
线性项	对比	578.000	1	578.000	27.670	.001
	偏差	726.000	1	726.000	34.755	.000
组内		188.000	9	20.889		
总数		1492.000	11			

圖 9-11

ANOVA

亩产量

	平方和	df	均方	F	显著性
组间	1304.000	2	652.000	31.213	.000
组内	188.000	9	20.889		
总数	1492.000	11			

圖 9-12

【註解】將水稻品種的趨勢檢驗結果，與之前的方差分析結果對比，我們可以看出，趨勢檢驗將觀測變量的組間離差平方和做了進一步的細分，把組間離差平方和分解為：可被水稻品種含鐵量高低的線性解釋的變差（578）和不可被水稻品種含鐵量高低的線性解釋的變差（726），即 1,304 = 578 + 726。

可被水稻品種含鐵量高低的線性解釋的變差（578）實質是觀測變量（水稻產量）為被解釋變量，控制變量（水稻品種含鐵量）為解釋變量的一元線性迴歸分析中的迴歸平方和部分，體現的是：解釋變量（水稻品種含鐵量）對被解釋變量（水稻產量）的線性貢獻程度。對應的概率 P 值 =0.001，小於顯著性水平 0.05，拒絕原假設，即認為水稻品種含鐵量與水稻產量之間不是零相關的，而具有一定的相關性。從圖 9-6 可看出，它們之間存在一定的負相關關係。

第六，先驗對比檢驗。

從多重比較分析中可知，三種水稻品種中水稻品種 3 的產量是最差的，其次是品種 1，最好的是品種 2。若需要看看品種 1 與品種 2 和品種 3 的整體效果是否存在顯著性差異，可以進行先驗對比檢驗。

點擊 Contrasts，在 Coefficients: 中分別輸入系數 0.5、-1、0.5，點擊 Continue，如圖 9-13 所示，得對比檢驗結果如圖 9-14 和圖 9-15 所示。

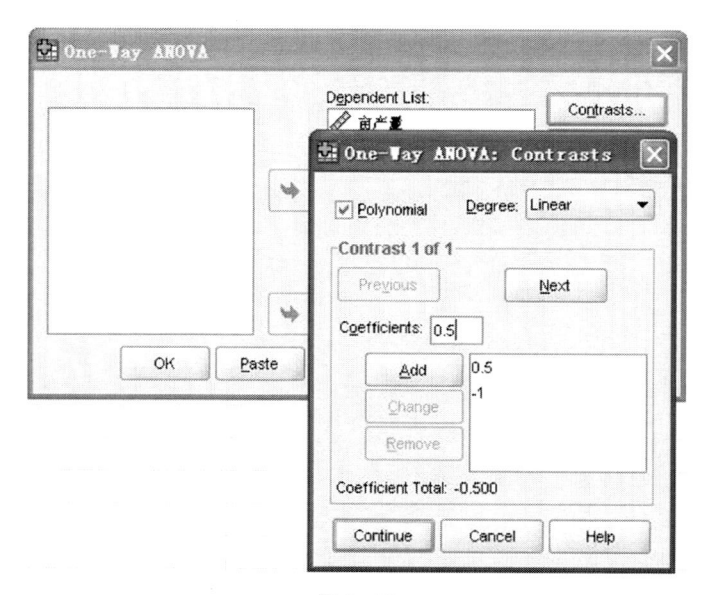

圖 9-13

对比系数

对比	水稻品种 1	2	3
1	.5	-1	.5

圖 9-14

【註解】圖 9-14 是先驗對比檢驗事先給定的各均值系數：0.5、-1、0.5，其和等於 0。

对比检验

		对比	对比值	标准误	t	df	显著性(双侧)
亩产量	假设方差相等	1	-16.50	2.799	-5.895	9	.000
	不假设等方差	1	-16.50	2.700	-6.110	6.577	.001

圖 9-15

【註解】圖 9-15 是水稻品種 2 與品種 1、品種 3 的整體效果的對比檢驗結果，其給出了方差相等和不相等情況下兩個獨立樣本 t 檢驗的結果。之前通過了方差齊性檢驗，所以只看方差相等的第一行。對應的概率 P 值 = 0.000，小於顯著性水平 0.05，拒絕原假設，即認為水稻品種 2 與品種 1、品種 3 的整體效果存在顯著性差異。

【實戰應用】

　　某企業為了制定其商品廣告策略，對 18 個地區和 4 種不同廣告形式的商品銷售額分別進行單因素的方差分析。試問：

　　（1）不同地區的銷售額是否有顯著性差異？

　　（2）不同廣告形式的銷售額是否有顯著性差異？

【分析報告】

【分析報告基本格式】

實驗項目			
實驗日期		實驗地點	
實驗目的			
實驗內容			
實驗步驟			
實驗結果			
實驗分析			
實驗小結			
備註			

實驗十　多因素單變量方差分析

【實驗目的】

1. 準確理解多因素方差分析的方法原理。
2. 熟練掌握多因素方差分析的 SPSS 操作。

【知識儲備】

1. 多因素方差分析的基本思想

在方差分析中，當涉及兩個或兩個以上的分類型自變量時，則需要進行多因素方差分析。進行多因素方差分析時，首先要確定因變量和若干個自變量，其次分析數值型因變量的方差，最後分別比較因變量總離差平方和各部分所占比例，進而推斷自變量以及因變量的交互作用是否給因變量帶來了顯著影響。

多因素方差分析將因變量觀測值的總變差分解為三個組成部分：自變量獨立作用的影響，自變量交互作用的影響和隨機因素的影響。以雙因素方差分析為例，即 $SST = SSA + SSB + SSAB + SSE$。其中，$SST$ 為因變量的總變差；SSA 和 SSB 分別為自變量 A 和 B 獨立作用引起的變差；$SSAB$ 為自變量 A 和 B 兩兩交互作用引起的變差；SSE 為隨機因素引起的變差。通常稱 $SSA + SSB$ 為主效應，$SSAB$ 為交互效應，SSE 為剩餘變差。SST 的數學表達式為：

$$SST = \sum_{i=1}^{K} \sum_{j=1}^{n_j} (X_{ij} - \bar{X})^2 \qquad (10.1)$$

式（10.1）中：K 為自變量的水平數；X_{ij} 為自變量第 i 個水平下第 j 個樣本值；n_j 為自變量第 j 個水平下的樣本個數；$\bar{X}$ 為因變量均值。

SSA 的數學表達式為：

$$SSA = \sum_{i=1}^{K} \sum_{j=1}^{n_j} n_{ij} (\bar{X}_i^A - \bar{X})^2 \qquad (10.2)$$

式（10.2）中：n_{ij} 為因素 A 第 i 個水平和因素 B 第 j 個水平下的樣本觀測值個數；$\bar{X}_i^A$ 為因素 A 第 i 個水平下因變量的均值。

SSB 的數學表達式為：

$$SSB = \sum_{i=1}^{K} \sum_{j=1}^{n_j} n_{ij} (\bar{X}_j^B - \bar{X})^2 \qquad (10.3)$$

式（10.3）中：n_{ij}為因素 A 第 i 個水平和因素 B 第 j 個水平下的樣本觀測值個數；$\bar{X}_j^B$為因素 B 第 j 個水平下因變量的均值。

SSE 的數學定義為：

$$SSE = \sum_{i=1}^{K} \sum_{j=1}^{n_j} \sum_{k=1}^{n_{ij}} (X_{ijk} - \bar{X}_{ij}^{AB})^2 \qquad (10.4)$$

式（10.4）中：$\bar{X}_{ij}^{AB}$為因素 A 和因素 B 分別在水平 i 和水平 j 下的因變量均值。

2. 多因素方差分析的理論假設

（1）各因素條件下的樣本是隨機的。

（2）各因素條件下的樣本是相互獨立的。

（3）各因素條件下的樣本來自正態總體，且樣本方差具有方差齊性。

3. 多因素方差分析的基本步驟

（1）提出原假設。多因素方差分析的原假設是：各自變量不同水平下的因變量總體的均值無顯著差異，自變量各效應和交互作用效應同時為 0。

（2）選擇檢驗統計量。多因素方差分析中採用的檢驗統計量為 F 統計量。固定效應模型中，如果有 A、B 兩個自變量，通常對應三個 F 檢驗統計量：

$$F_A = \frac{SSA/(k-1)}{SSE/kr(1-1)} = \frac{MSA}{MSE} \qquad (10.5)$$

$$F_B = \frac{SSB/(r-1)}{SSE/kr(1-1)} = \frac{MSB}{MSE} \qquad (10.6)$$

$$F_{AB} = \frac{SSAB/(r-1)(k-1)}{SSE/kr(1-1)} = \frac{MSAB}{MSE} \qquad (10.7)$$

（3）計算檢驗統計量的值及相應的 P 值。

（4）給定顯著性水平 ∂，並做出決策。給定顯著性水平 ∂，依次與各個檢驗統計量的 P 值進行比較。如果 P 值小於顯著性水平 ∂，則應拒絕原假設；如果 P 值大於或者等於顯著性水平 ∂，則沒有理由拒絕原假設。

【實例演習】

【例】為了尋求高產水稻品種，現選擇四種不同的品種進行試驗，每一品種在四塊不同土質的試驗田上試種，得到在每一塊田上的畝產量如圖 10 - 1 所示。試檢驗水稻不同品種在不同土質的平均畝產量間有無明顯差異（$\alpha = 0.05$）。

實驗十 多因素單變量方差分析

	水稻品种	土地	水稻产量
1	1	1	60
2	2	1	55
3	3	1	83
4	1	1	50
5	2	1	79
6	3	1	93
7	1	2	40
8	2	2	10
9	3	2	20
10	1	2	40
11	2	2	20
12	3	2	45

圖 10-1

這是多因素單變量的方差分析問題：

第一步：點擊 Analyze → General Linear Model → Univariate...，如圖 10-2、圖 10-3 所示。

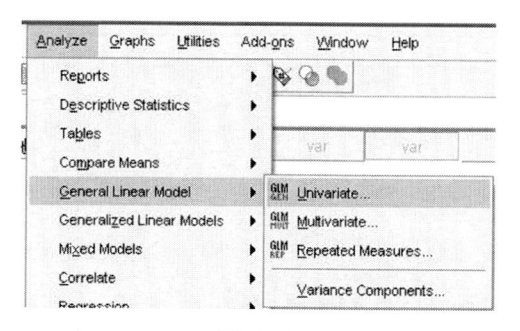

圖 10-2

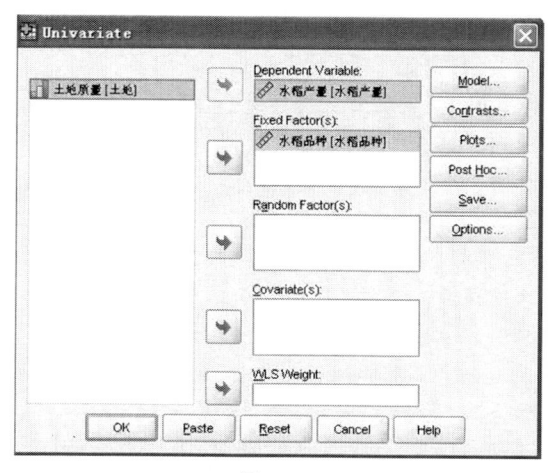

圖 10-3

73

第二步，指定觀測變量（水稻產量）到 Dependent Variable: 中。

第三步，指定控制變量（水稻品種和土地質量）到固定效應模型 Fixed Factor(s): 中。

點擊 OK ，得到如圖 10－4 所示的統計結果。

主体间因子

		N
水稻品种	1	4
	2	4
	3	4
土地质量	1	6
	2	6

圖 10－4

【註解】圖 10－4 是各控制變量的水平數。水稻品種的水平為 3，每個水平有 4 個案例；土地質量的水平為 2，每個水平有 6 個案例。

主體間效應檢驗結果如圖 10－5 所示。

主体间效应的检验

因变量:水稻产量

源	III 型平方和	df	均方	F	Sig.
校正模型	6776.417ᵃ	5	1355.283	10.835	.006
截距	29502.083	1	29502.083	235.859	.000
水稻品种	767.167	2	383.583	3.067	.121
土地	5002.083	1	5002.083	39.990	.001
水稻品种 * 土地	1007.167	2	503.583	4.026	.078
误差	750.500	6	125.083		
总计	37029.000	12			
校正的总计	7526.917	11			

a. $R^2 = 0.900$（調整 $R^2 = 0.817$）。

圖 10－5

【註解】第一列：對觀測變量（水稻產量）總變差平方和的分解說明；

第二列：觀測變量（水稻產量）總變差平方和分解的結果；

第三列：對應的自由度；

第四列：對應的均方；

第五列：對應的 F 檢驗統計量的觀測值；

第六列：對應的檢驗統計量的概率 P 值。

觀測變量（水稻產量）總變差平方和（SST）＝7,526.917，被分解為四部分：

(1) 水稻品種（控制變量 1）不同引起的變差＝767.167；

(2) 土地質量（控制變量 2）不同引起的變差＝5,002.083；

(3) 水稻品種和土地質量交互作用引起的變差＝1,007.167；

(4) 隨機因素引起的變差＝750.5。

其中，$7,526.917 = (767.167 + 5,002.083 + 1,007.167) + 750.5$
$\qquad\qquad\quad = 6,776.417 + 750.5$

第三行：水稻品種對應的概率 P 值是 0.121，大於顯著性水平 0.05，不應拒絕原假設，即認為水稻品種對產量均值不產生顯著性影響。

第四行：土地質量對應的概率 P 值是 0.001，小於顯著性水平 0.05，應拒絕原假設，即認為土地質量的不同對產量均值產生了顯著性影響。

第五行：水稻品種與土地質量的交互作用對應的概率 P 值是 0.078，大於顯著性水平 0.05，不應拒絕原假設，即認為水稻品種與土地質量的交互作用未對產量均值產生顯著性影響。

第一行：校正模型對應的變差 $(6,776.417)$ = 水稻品種的變差 (767.167) + 土地質量的變差 $(5,002.083)$ + 水稻品種和土地質量交互作用的變差 $(1,007.167)$。

這表示線性模型整體對觀測變量變差解釋的部分，其對應的概率 P 值 $= 0.006$，小於顯著性水平 0.05，應拒絕原假設，認為線性模型整體對產量均值產生了顯著性影響，即觀測變量（水稻產量）的變動主要是控制變量的不同水平引起的，控制變量能夠較好地反應觀測變量的變動，線性模型對觀測變量具有一定的解釋能力。

註腳中的 $R^2 = 0.9$，調整 $R^2 = 0.817$，反應的是多因素方差模型對觀測變量數據的總體擬合程度，R^2 越接近 1，說明數據的擬合程度越高。因為是兩個控制變量，應參考調整 R^2，可見，其擬合程度較好。

第四步，建立非飽和模型。

在上面的模型建立中，默認項是飽和模型。根據前面的分析，我們已知水稻品種與土地質量的交互作用對產量均值不產生顯著性影響。這時，需要建立非飽和模型。圖 10-5 至圖 10-10 向我們展示了這一過程。

點擊 Model...，得到如圖 10-6 所示對話框。

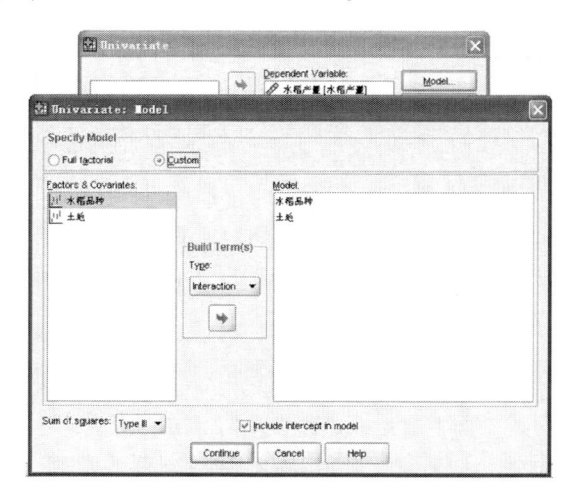

圖 10-6

統計學基礎實驗（SPSS）

點擊 ⊙Custom，把 Factors & Covariates: 中的控制變量移至 Model: 中，在 Build Term(s) 中選擇 Type: 中的默認項 Interaction ▼，表示所有被選變量最高水平的交互效應，如圖 10－7 所示。

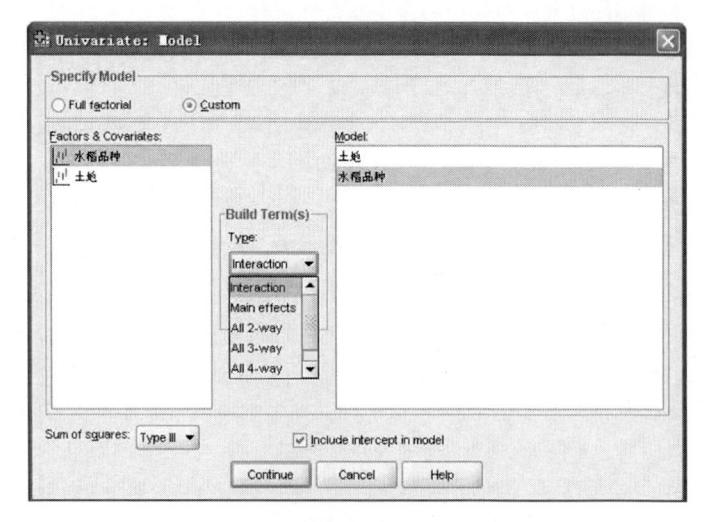

圖 10－7

在 Sum of squares: （平方和）中選擇平方和的分解方法：默認項 Type III ▼（表示適用於 I 型和 II 型的所有模型，無缺失值的模型）；選擇默認項 ☑ Include intercept in model，表示模型中包含截距項。點擊 Continue，再點擊 OK，如圖 10－8、圖 10－9、圖 10－10 所示。

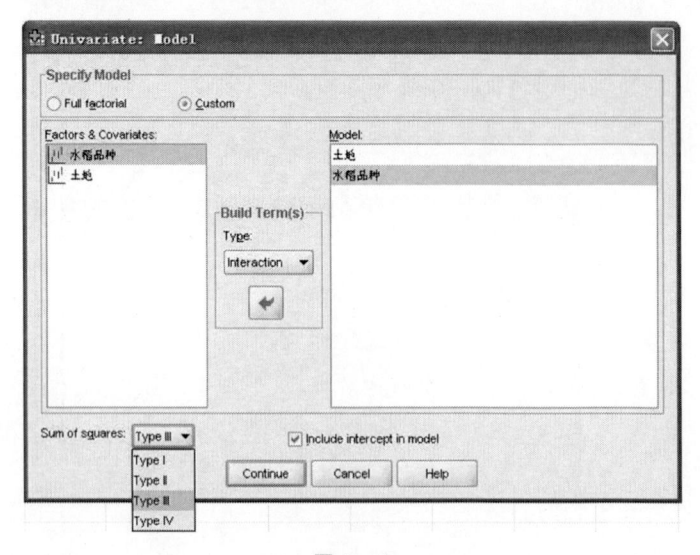

圖 10－8

主體間因子

		N
水稻不同品种	1	4
	2	4
	3	4
土地质量	1	6
	2	6

圖 10-9

主體間效應的檢驗

因變量:水稻产量

源	III型平方和	df	均方	F	Sig.
校正模型	5769.250ª	3	1923.083	8.753	.007
截距	29502.083	1	29502.083	134.278	.000
土地	5002.083	1	5002.083	22.767	.001
水稻品种	767.167	2	383.583	1.746	.235
误差	1757.667	8	219.708		
总计	37029.000	12			
校正的总计	7526.917	11			

a. $R^2 = 0.766$（調整 $R^2 = 0.679$）。

圖 10-10

【註解】觀測變量（水稻產量）總變差平方和（SST）= 7,526.917，被分解為三個部分：

（1）水稻品種（控制變量1）不同引起的變差 = 767.167；

（2）土地質量（控制變量2）不同引起的變差 = 5,002.083；

（3）水稻品種和土地質量交互作用引起的變差並入隨機因素引起的變差 = 1,757.667 = 1,007.167 + 750.5。

其中，7,526.917 = (767.167 + 5,002.083) + (1,007.167 + 750.5)

= 5,769.25 + 1,757.667

第三行：土地質量對應的概率 P 值是 0.001，小於顯著性水平 0.05，應拒絕原假設，即認為土地質量對產量均值產生了顯著性影響。

第四行：水稻品種對應的概率 P 值是 0.235，大於顯著性水平 0.05，不應拒絕原假設，即認為水稻品種對產量均值不產生顯著性影響。

第一行：校正模型對應的變差（5,769.25）= 水稻品種的變差（767.167）+ 土地質量的變差（5,002.083）。

這表示線性模型整體對觀測變量變差解釋的部分，比飽和模型的解釋部分減少了。其對應的概率 P 值 = 0.007，小於顯著性水平 0.05，應拒絕原假設，認為線性模型整體對產量均值產生了顯著性影響，即觀測變量（水稻產量）的變動主要是控制變量的不同水平引起的，控制變量能夠較好地反應觀測變量的變動，線性模型對觀測變量具有一定的解釋能力。

註腳中的 R^2 =0.766，調整 R^2 =0.679，反應的是多因素方差模型對觀測變量數據的總體擬合程度，R^2 越接近1，說明數據的擬合程度越高。這比飽和模型中的擬合程度要低。

第五步，非飽和模型的進一步分析。

（1）均值檢驗。

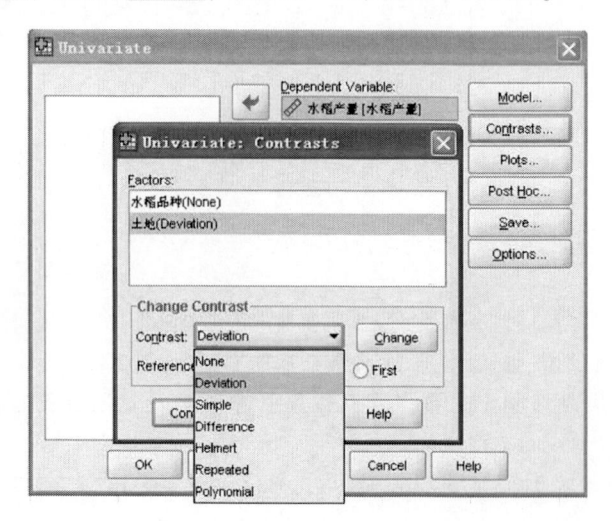

從前面的分析中可知，土地質量的不同對產量均值產生了顯著性影響。若需要對各個控制變量（土地質量）在不同水平下的均值是否存在顯著性差異進行比較，可以進行均值檢驗。一是對比檢驗（ Contrasts... ），二是多重比較檢驗（ Post Hoc... ），其中多重比較檢驗至少需要3組，因為土地質量只有兩組，所以只能做對比檢驗，其實質是單個樣本的 t 檢驗：

點擊 Contrasts... ，在 Contrast 中選擇檢驗值：Deviation （表示觀測變量的均值），點擊 Change ，再點擊 Continue ，如圖 10 - 11、圖 10 - 12 所示。

圖 10 - 11

對比結果（K 矩陣）

土地质量 偏差对比^a		因变量 水稻产量
级别1 和均值	对比估算值	20.417
	假设值	0
	差分（估计 - 假设）	20.417
	标准误	4.279
	Sig.	.001
	差分的95% 置信区间 下限	10.549
	上限	30.284

a. 省略的类别 = 2。

圖 10 - 12

【註解】圖 10-12 是土地質量級別 1 下水稻產量均值檢驗結果，省略了土地質量級別 2 的檢驗結果。

第三行：土地質量級別 1 下水稻產量均值與檢驗值（觀測變量均值）的差 = 20.417。

第四行：標準誤差 = 4.279。

第五行：t 檢驗統計量的概率 P 值 = 0.001，小於顯著性水平 0.05，應拒絕原假設，即認為土地質量級別 1 下的產量均值與檢驗值（觀測變量均值）間存在顯著性差異，其明顯高於總體水平。

第六行：土地質量級別 1 下水稻產量均值與檢驗值（觀測變量均值）的差值的 95% 置信區間的下限 = 10.549，上限 = 30.284。

圖 10-13 是控制變量（土地）的效應檢驗結果。土地質量對應的概率 P 值是 0.001，小於顯著性水平 0.05，應拒絕原假設，即認為土地質量的不同對產量均值產生了顯著性影響。

檢驗結果

因變量:水稻產量

源	平方和	df	均方	F	Sig.
對比	5002.083	1	5002.083	22.767	.001
誤差	1757.667	8	219.708		

圖 10-13

（2）控制變量交互作用的圖形分析。

點擊 Plots... ，出現如圖 10-14 所示對話框。

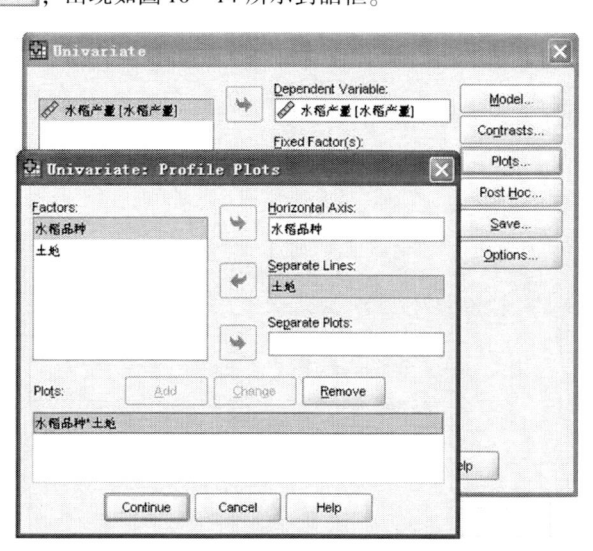

圖 10-14

把控制變量 1（水稻品種）移至橫坐標 Horizontal Axis，把控制變量 2（土地）移至分離線 Separate Lines，點擊 Add ，再點擊 Continue ，如圖 10-15 所示。

圖 10–15

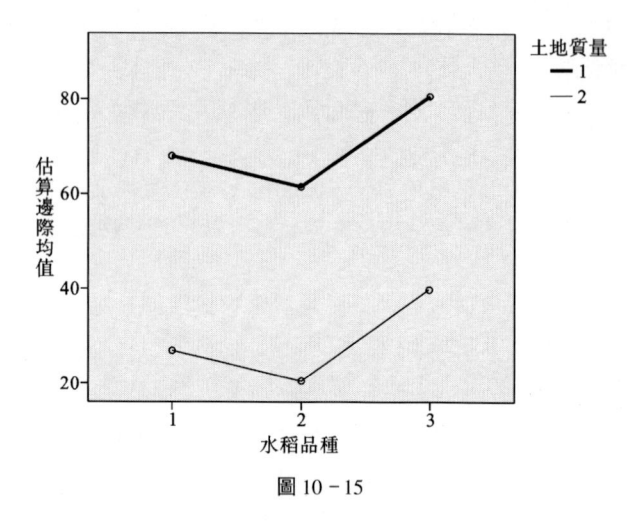

【註解】圖 10–15 是交互作用的圖形分析。其均值連線相互平行，說明不存在交互作用。

【實戰應用】

某企業為了制定其商品廣告策略，對 18 個地區和 4 種不同廣告形式的商品銷售額分別進行多因素方差分析。試問：不同地區和不同廣告形式的銷售額是否有顯著性差異？

【分析報告】

【分析報告基本格式】

實驗項目			
實驗日期		實驗地點	
實驗目的			
實驗內容			
實驗步驟			
實驗結果			
實驗分析			
實驗小結			
備註			

實驗十一　協方差分析

【實驗目的】

1. 準確掌握協方差分析的方法原理。
2. 熟練掌握協方差分析的 SPSS 操作。

【知識儲備】

1. 協方差分析的基本思想

協方差分析是傳統方差分析方法的一種延續。不論是單因素方差分析，還是多因素方差分析，都不曾考慮協變量的存在，但協變量卻會對因變量產生顯著影響。為了更準確地研究變量（可控制變量）在不同水平下對因變量的影響，需要考慮協變量在其中的影響程度。這就是協方差分析所要解決的問題。從方法原理上看，協方差是介於方差分析和線性迴歸分析之間的一種統計分析方法。協方差分析將那些人為很難控制的因素作為協變量，並在排除協變量對因變量影響的條件下，分析可控制變量對因變量的作用，從而更加準確地對控制因素進行評價。

2. 協方差分析的理論假設

（1）協變量對因變量的線性影響不顯著。

（2）在剔除協變量影響的條件下，可控制變量各水平下因變量的總體均值無顯著性差異。

（3）可控制變量各水平對因變量的效應同時為零。

3. 協方差分析的數學模型

全模型：

$$y_{ij} = \beta_0 + \partial_i + \beta_1 X_{ij} + \varepsilon_{ij} \tag{11.1}$$

簡略模型Ⅰ：

$$y_{ij} = \beta_0 + \partial_i + \varepsilon_{ij} \tag{11.2}$$

簡略模型Ⅱ：

$$y_{ij} = \beta_0 + \beta_1 X_{ij} + \varepsilon_{ij} \tag{11.3}$$

其中，X 為協變量，∂_i 為處理。全模型既考慮了協變量又考慮了處理對因變量的影響；簡略模型Ⅰ僅考慮了處理對因變量的影響；簡略模型Ⅱ僅考慮了協變量對因變量

的影響。

4. 協方差分析的基本步驟

(1) 計算 $F1 = \dfrac{SSE_{RI} - SSE_F}{SSE_F/(N-t-1)}$，其自由度為 $(1, N-t-1)$，若 $F2 \geq F_{(\partial, 1, N-t-1)}$，則認為協變量和觀測值有顯著性關係。

(2) 計算 $F2 = \dfrac{(SSE_{R\Pi} - SSE_F)/(t-1)}{SSE_F/(N-t-1)}$，其自由度為 $(t-1, N-t-1)$，若 $F2 \geq F_{(\alpha, t-1, N-t-1)}$，則認為經過協變量調整後的觀測值按照不同處理分組，各組之間的差異顯著。其中，SSE_{RI} 為簡略模型 I 的誤差平方和，$SSE_{R\Pi}$ 為簡略模型 II 的誤差平方和。

(3) 計算經協變量調整後各組處理的觀測值均值（剔除協變量因素），調整方程為：

$$\hat{\mu}_{Adj,i} = \hat{\beta}_0 + \hat{\beta}_i + \hat{\beta}_1 \bar{X} \qquad (11.4)$$

式（11.4）中，$i = 2, 3, \cdots, t$，t 等於處理個數加 1，$\bar{X}$ 為協變量的平均值。

【實例演習】

【例】為了提高大一學生的英語成績，外語學院決定對學生實行一段時間的專門培訓。現從大一學生中隨機抽出 20 人，其培訓前與培訓後的成績以及是否參加培訓的數據如圖 11－1 所示。

	培訓前成績	培訓后成績	培訓狀態
1	71	75	0
2	83	90	1
3	75	86	1
4	88	90	1
5	76	84	1
6	69	76	0
7	68	72	0
8	86	86	1
9	91	89	0
10	86	87	0
11	83	90	1
12	69	81	1
13	86	91	0
14	78	82	1
15	84	84	1
16	82	84	0
17	75	77	0
18	68	75	1
19	77	81	1
20	85	93	1

圖 11－1

試分析：該培訓是否對提高學生的英語成績有效？

要分析培訓是否對學生英語成績的提高有顯著性影響，若僅分析培訓後的成績與

培訓的關係，而忽視了學生培訓前的水平，則得出的結論可能不正確。因此應盡量排除其他因素（如培訓前成績）的影響。協方差分析正是將難以人為控制的一些因素作為協變量（如培訓前成績），並在排除協變量對觀測變量（培訓後成績）的影響下，分析控制變量（培訓狀態）對觀測變量（培訓後成績）的作用。

第一步：協方差分析的前提檢驗。

（1）協變量（培訓前成績）與觀測變量（培訓後成績）的線性檢驗——繪製培訓前與培訓後成績的散點圖。

點擊 Graphs → Legacy Dialogs → Scatter/Dot...，如圖 11－2 所示。

圖 11－2

得到如圖 11－3 所示對話框。

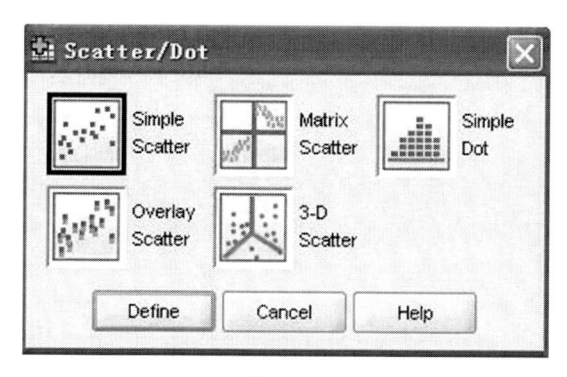

圖 11－3

選擇 Simple Scatter，點擊 Define，得到如圖 11－4 所示對話框。

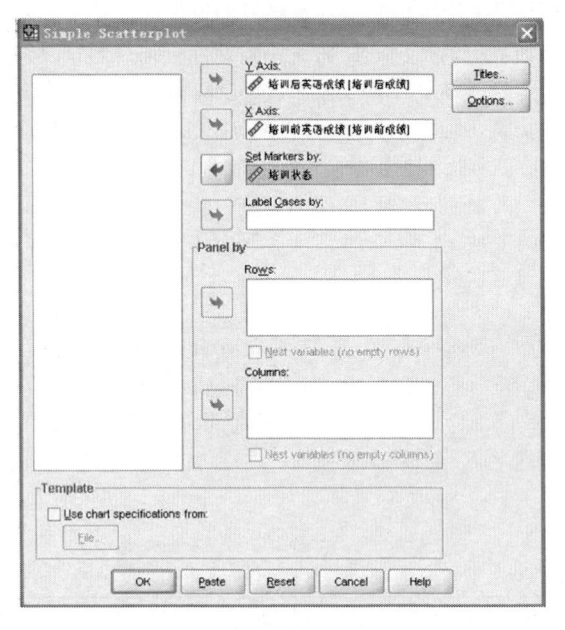

統計學基礎實驗（SPSS）

圖 11-4

把培訓前成績變量移至 X Axis:，培訓後成績變量移至 Y Axis:，把培訓狀態移至 Set Markers by:。點擊 OK，得圖 11-5。

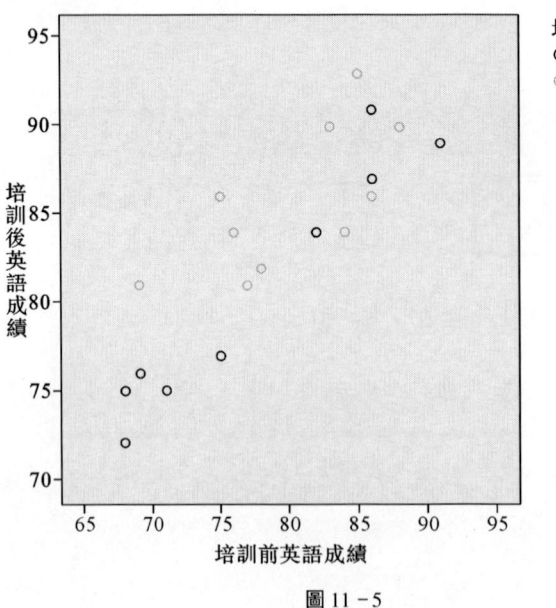

圖 11-5

【註解】由圖 11-5 可知，無論學生是否參加培訓，其培訓前成績和培訓後成績均

呈現出明顯的線性關係，且各斜率基本相同。因此，培訓前成績可以作為協變量參與協變量方差分析。

（2）協變量（培訓前成績）與控制變量（培訓狀態）的無交互效應檢驗。

點擊 Analyze → General Linear Model → Univariate...，如圖 11-6 所示。

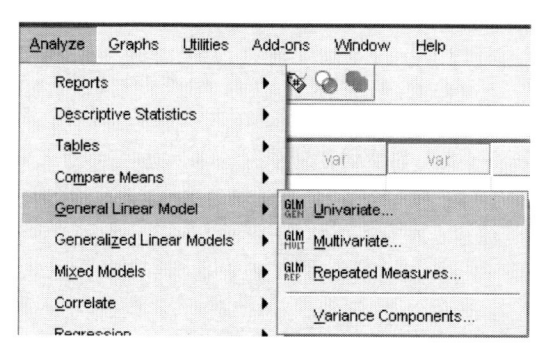

圖 11-6

把觀測變量（培訓後成績）移至 Dependent Variable: 中，把控制變量（培訓狀態）移至 Fixed Factor(s): 中，把協變量（培訓前成績）移至 Covariate(s): 中。在 Model... 中選擇不飽和模型 Custom。把協變量（培訓前成績）、控制變量（培訓狀態），尤其是二者的交互作用移至 Model: 中。點擊 Continue，再點擊 OK，如圖 11-7、圖 11-8 所示，得到如圖 11-9 所示結果。

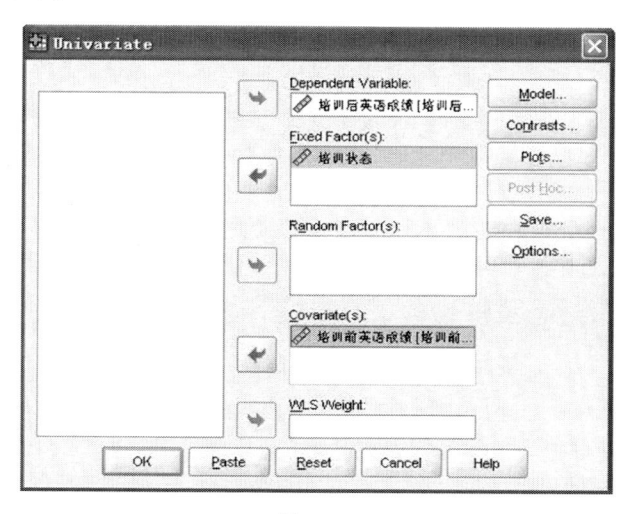

圖 11-7

图 11-8

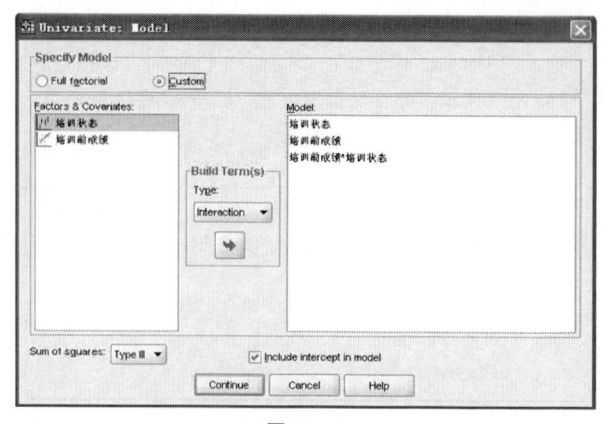

主体间效应的检验

因变量:培训后英语成绩

源	III型平方和	df	均方	F	Sig.
校正模型	590.823ª	3	196.941	24.670	.000
截距	124.805	1	124.805	15.634	.001
培训状态	10.323	1	10.323	1.293	.272
培训前成绩	503.417	1	503.417	63.062	.000
培训状态 * 培训前成绩	6.658	1	6.658	.834	.375
误差	127.727	16	7.983		
总计	140665.00	20			
校正的总计	718.550	19			

a. $R^2 = 0.822$（调整 $R^2 = 0.789$）。

图 11-9

【註解】協變量（培訓前成績）與控制變量（培訓狀態）的交互效應對應的概率 P 值 $= 0.375$，大於顯著性水平 0.05，接受原假設，交互效應不顯著，滿足協方差分析平行性條件。

第二步：協變量方差分析。

點擊 Analyze → General Linear Model → Univariate...，如圖 11-10 所示。

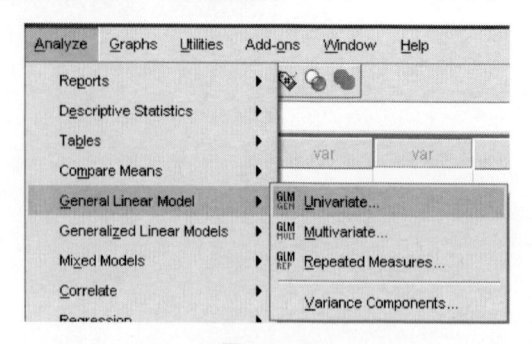

图 11-10

移入觀測變量（培訓後成績）、控制變量（培訓狀態）、協變量（培訓前成績），如圖 11-11 所示，得到如圖 11-12、圖 11-13 所示結果。

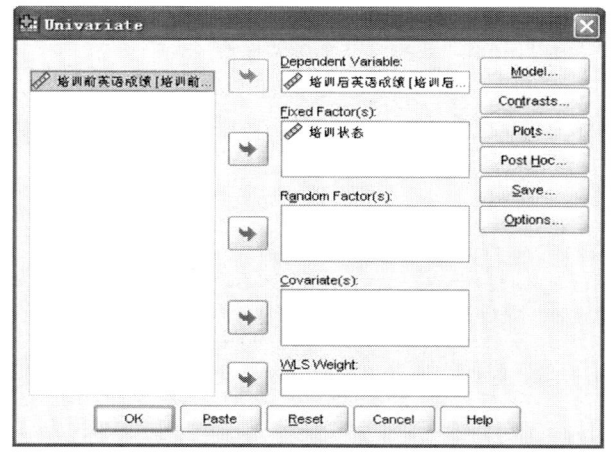

圖 11-11

圖 11-12

圖 11-13

【註解】圖 11-13 是培訓後成績協方差分析結果。

第三行：培訓前成績（協變量）引起的變差 = 515.157；對應的概率 P 值是 0.000，小於顯著性水平 0.05，應拒絕原假設，即認為培訓前成績（協變量）對培訓後成績均值產生了顯著性影響。

第四行：培訓狀態（控制變量）不同引起的變差 = 48.999；對應的概率 P 值是 0.023，小於顯著性水平 0.05，應拒絕原假設，即認為培訓狀態對培訓後成績均值產生

了顯著性影響。

第五行：隨機因素引起的變差 = 134.385。

第三步：為了與協變量方差分析進行比較，可以做培訓後成績的單因素方差分析以進行對比，如圖 11-14、圖 11-15、圖 11-16 所示。

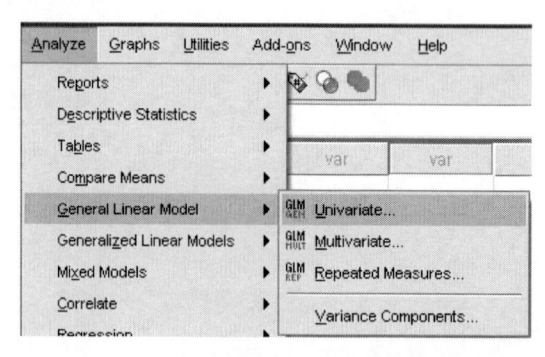

圖 11-14

圖 11-15

主體間效應的檢驗

因變量:培訓后英语成绩

源	III 型平方和	df	均方	F	Sig.
校正模型	69.008ª	1	69.008	1.912	.184
截距	133133.408	1	133133.408	3689.373	.000
培训状态	69.008	1	69.008	1.912	.184
误差	649.542	18	36.086		
总计	140665.000	20			
校正的总计	718.550	19			

a. $R^2 = 0.096$（调整 $R^2 = 0.046$）。

圖 11-16

【註解】圖 11-16 是培訓後成績的單因素方差分析結果，與協方差分析結果比較：
觀測變量（培訓後成績）的總變差＝718.55，與協方差分析中的一致；
隨機因素可解釋的變差由單因素方差分析中的 649.542，減少到 134.385。這是由於排除了協變量（培訓前成績）的影響而造成的。

【實戰應用】

為了瞭解不同品種的飼料對生豬體重增加的影響，需要把餵養生豬前的體重影響排除。現收集了 3 種不同飼料對生豬餵養前後體重變化的影響的數據。

試分析：不同飼料對生豬體重變化的影響情況。

【分析報告】

【分析報告基本格式】

實驗項目	
實驗日期	實驗地點
實驗目的	
實驗內容	
實驗步驟	
實驗結果	
實驗分析	
實驗小結	
備註	

實驗十二　相關分析

【實驗目的】

1. 準確掌握相關分析的方法原理。
2. 熟練掌握相關分析的 SPSS 操作。

【知識儲備】

1. 簡單相關分析的概念

相關分析是研究變量間關係密切程度的一種統計方法。線性相關分析研究兩個變量間線性關係的強弱程度。相關係數是描述這種線性關係強弱的統計量，通常用 r 表示。

如果一個變量 Y 可以確切地用另一個變量 X 的線性函數表示，則兩個變量間的相關係數是 1 或 -1。

變量 Y 隨變量 X 的增加而增加或隨變量的減少而減少，稱為變化方向一致，這種相關稱為正向相關，其相關係數大於 0。反之，相關係數小於 0。相關係數 r 沒有計量單位，其值在 -1 和 1 之間。

2. 相關係數的計算方法

（1）Pearson 相關係數。

正態分佈的定距尺度的變量 x 與變量 y 間的 Pearson 相關係數可以採用 Pearson 積矩相關公式計算，公式為：

$$r_{xy} = \frac{\sum_{i=1}^{n}(x_i - \bar{x})(y_i - \bar{y})}{\sqrt{\sum_{i=1}^{n}(x_i - \bar{x})^2 \sum_{i=1}^{n}(y_i - \bar{y})^2}} \tag{12.1}$$

式（12.1）中，$\bar{x}$、$\bar{y}$ 分別是變量 x、y 的均值，x_i、y_i 分別是 x、y 的第 i 個觀測值。

（2）Spearman 相關係數。

Spearman 相關係數是 Pearson 相關係數的非參數形式，是根據數據的秩而不是根據實際值計算的。也就是說，先對原始變量的數據排秩，根據秩使用 Spearman 相關係數公式進行計算。它適合定序尺度數據或不滿足正態分佈假設的定距尺度數據。Spearman

相關係數的數值也在 −1 和 1 之間，絕對值越大，表明相關性越強。變量 x 與變量 y 間的 Spearman 相關係數的計算公式為：

$$\theta = \frac{\sum (R_i - \bar{R})(S_i - \bar{S})}{\sqrt{\sum (R_i - \bar{R})^2 (S_i - \bar{S})^2}} \tag{12.2}$$

式（12.2）中，R_i 是第 i 個 x 值的秩，S_i 是第 i 個 y 值的秩。$\bar{R}$、$\bar{S}$ 分別是變量 R_i、S_i 的平均值。

（3）Kendall's tau-b 相關係數。

Kendall's tau-b 相關係數也是用來表示對兩個有序變量或兩個秩變量間的關係程度的一種系數。Kendall's tau-b 計算公式為：

$$\tau = \frac{\sum_{i<j} \text{sgn}(x_i - \bar{x}) \text{sgn}(y_i - \bar{y})}{\sqrt{(T_0 - T_1)(T_0 - T_2)}} \tag{12.3}$$

其中，$\text{sgn}(z) = \begin{cases} 1, & \text{if } z > 0 \\ 0, & \text{if } z = 0 \\ -1, & \text{if } z < 0 \end{cases}$

$T_0 = n(n-2)/2 \quad T_1 = \sum t_i(t_i - 1)/2 \quad T_2 = \sum u_i(u_i - 1)/2$

其中，t_i（或 u_i）是 x（或 y）的第 i 組結點 x（或 y）值的數目，n 為觀測量數。

3. 相關係數的檢驗

通常是利用樣本來研究總體特徵的。由於抽樣誤差的存在，樣本中兩個變量之間的相關係數不為 0，不能說明總體中這兩個變量間的相關係數不是 0，因此必須進行檢驗。檢驗的零假設是：總體中兩個變量間的相關係數為 0。Pearson 和 Spearman 相關係數假設檢驗 t 值的計算公式為：

$$t = \frac{\sqrt{n-2} \cdot r}{\sqrt{1-r^2}} \tag{12.4}$$

式（12.4）中，r 是相關係數，n 是樣本觀測數，$n-2$ 是自由度。當 $t > t_{0.05}(n-2)$ 時，$p < 0.05$，拒絕原假設。在 SPSS 的相關分析過程中，只輸出相關係數和假設成立的概率 P 值。

4. 偏相關分析

（1）偏相關分析的概念。

由於其他變量的影響，相關係數往往不能真正反應兩個變量間的線性相關程度。偏相關分析就是在研究兩個變量之間的線性相關關係時控制可能對其產生影響的變量。

（2）偏相關係數的計算。

控制了一個變量 z，變量 x、y 之間的偏相關係數計算公式為：

$$r_{xy,z} = \frac{r_{xy} - r_{xz} r_{yz}}{\sqrt{(1-r_{xz}^2)(1-r_{yz}^2)}} \tag{12.5}$$

控制了兩個變量 z_1、z_2，變量 x、y 之間的偏相關係數計算公式為：

$$r_{xy,z_1z_2} = \frac{r_{xy} - r_{xz_2,z_1}r_{yz_2,z_1}}{\sqrt{(1-r_{xz_2,z_1}^2)(1-r_{yz_2,z_1}^2)}} \tag{12.6}$$

式（12.5）中的 $r_{xy,z}$ 是在控制了 z 的條件下，x、y 之間的偏相關係數；r_{xy} 是變量 x、y 間的簡單相關係數或稱零階相關係數；r_{xz}、r_{yz} 分別是變量 x、z 間和變量 y、z 間的簡單相關係數，依此類推。

（3）偏相關係數的檢驗。

偏相關係數檢驗的零假設為：總體中兩個變量間的偏相關係數為 0。使用 t 檢驗方法，公式為：

$$t = \frac{\sqrt{n-k-2} \cdot r}{\sqrt{1-r^2}} \tag{12.7}$$

式（12.7）中，r 是相應的偏相關係數，n 是樣本觀測數，k 是可控制變量的數目，$n-k-2$ 是自由度。當 $t > t_{0.05}(n-k-2)$ 時，$P < 0.05$，拒絕原假設。在 SPSS 的相關分析過程中，只輸出偏相關係數及 P 值。

【實例演習】

【例】根據某高校 16 位教師的學歷、論文數和科研經費（見圖 12-1），試求它們之間的相關性。

	学历	论文数	科研经费
1	1	37	33
2	1	13	4
3	1	36	13
4	1	12	16
5	2	48	5
6	2	23	1
7	2	12	14
8	3	29	9
9	3	18	11
10	3	18	17
11	3	11	15
12	3	25	12
13	4	24	33
14	4	19	49
15	4	42	70
16	4	21	19

圖 12-1

第一步：從直觀上判定論文數與科研經費之間的關聯度並作散點圖，如圖 12-2、圖 12-3 所示。

實驗十二　相關分析

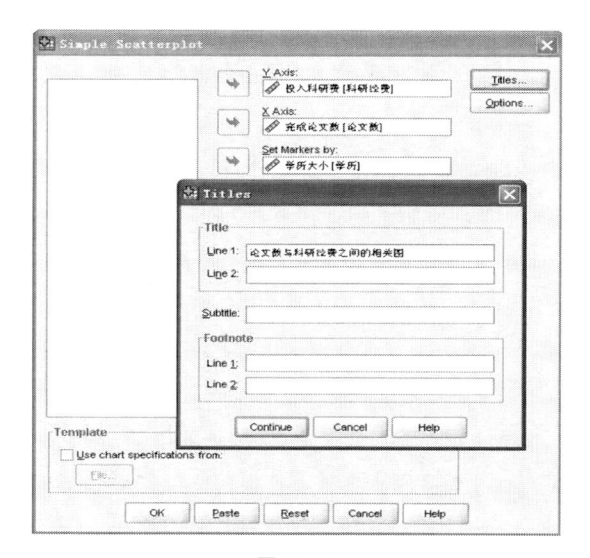

圖 12-2

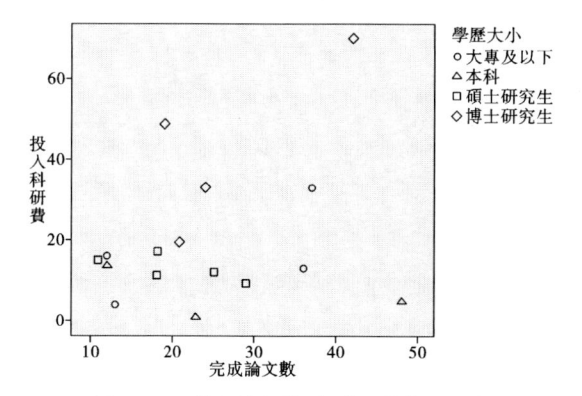

圖 12-3　論文數與科研經費之間的相關性

【註解】從散點圖 12-3 中可以看出：論文數與科研經費的相關性不是很大。
第二步：試求論文數與科研經費的相關係數。

點擊 Analyze → Correlate → Bivariate...，如圖 12-4、圖 12-5 所示。

統計學基礎實驗（SPSS）

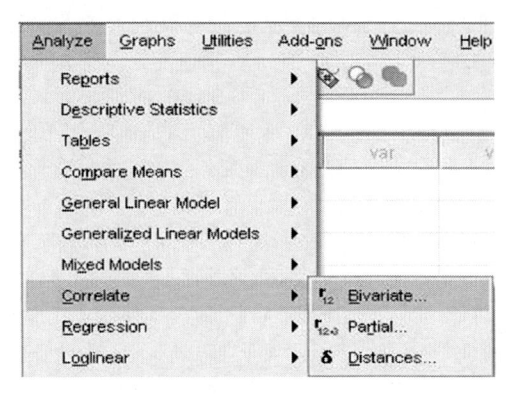

圖 12-4

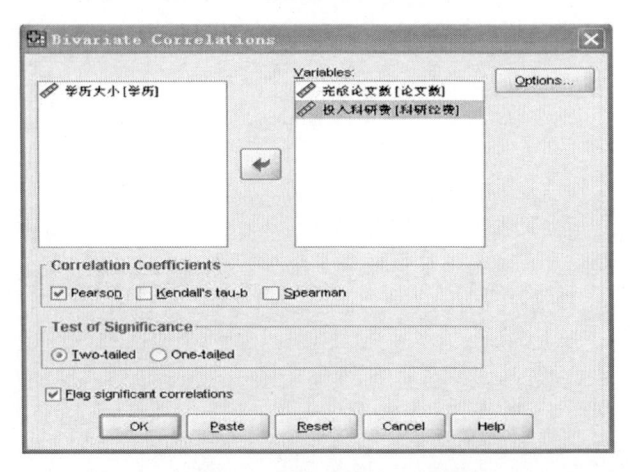

圖 12-5

把要求的兩個相關變量（論文數與科研經費）移至 Variables: 中，因為都是定距數據，選擇 Correlation Coefficients 中的 ☑ Pearson，點擊 OK，得到如圖 12-6 所示的統計結果。

相关性

		完成论文数	投入科研费
完成论文数	Pearson 相关性	1	.283
	显著性（双侧）		.288
	N	16	16
投入科研费	Pearson 相关性	.283	1
	显著性（双侧）	.288	
	N	16	16

圖 12-6

【註解】兩個相關變量（論文數與科研經費）的 Pearson 相關係數 $=0.283>0$，表示二者呈較弱的正相關關係；相關係數檢驗對應的概率 P 值 $=0.288$，大於顯著性水平 0.05，應接受原假設（兩個變量之間不具有相關性），即論文數與科研經費之間的相關

94

性不顯著。

第三步：試求學歷與論文數之間的相關性。因為學歷是定序數據，因此，選擇 Correlation Coefficients 中的 ☑ Kendall's tau-b 和 ☑ Spearman，點擊 OK，得到如圖 12-7 所示的統計結果。

相关系数

			完成论文数	学历大小
Kendall 的 tau_b	完成论文数	相关系数	1.000	.057
		Sig.（双侧）	.	.778
		N	16	16
	学历大小	相关系数	.057	1.000
		Sig.（双侧）	.778	.
		N	16	16
Spearman 的 rho	完成论文数	相关系数	1.000	.069
		Sig.（双侧）	.	.799
		N	16	16
	学历大小	相关系数	.069	1.000
		Sig.（双侧）	.799	.
		N	16	16

圖 12-7

【註解】兩個相關變量（論文數和學歷）的 Kendall 相關係數 =0.057＞0，表示二者呈極弱的正相關關係；相關係數檢驗對應的概率 P 值 =0.778，大於顯著性水平 0.05，應接受原假設（兩個變量之間不具有相關性），即論文數與學歷之間的相關性不顯著。

兩個相關變量（論文數和學歷）的 Spearman 相關係數 =0.069＞0，表示二者呈極弱的正相關關係；相關係數檢驗對應的概率 P 值 =0.799，大於顯著性水平 0.05，應接受原假設（兩個變量之間不具有相關性），即論文數與學歷之間的相關性不顯著。

第四步：試求論文數與科研經費的偏相關係數。

在求論文數與科研經費的相關性時，學歷和它們都有一定的關聯性。因此，要求論文數與科研經費的淨相關係數，需要剔除其他相關因素（學歷）。這就是偏相關分析。點擊 Analyze → Correlate → Partial...，如圖 12-8 所示。

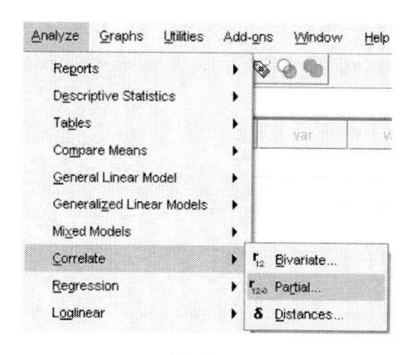

圖 12-8

得到如圖 12-9 所示對話框。

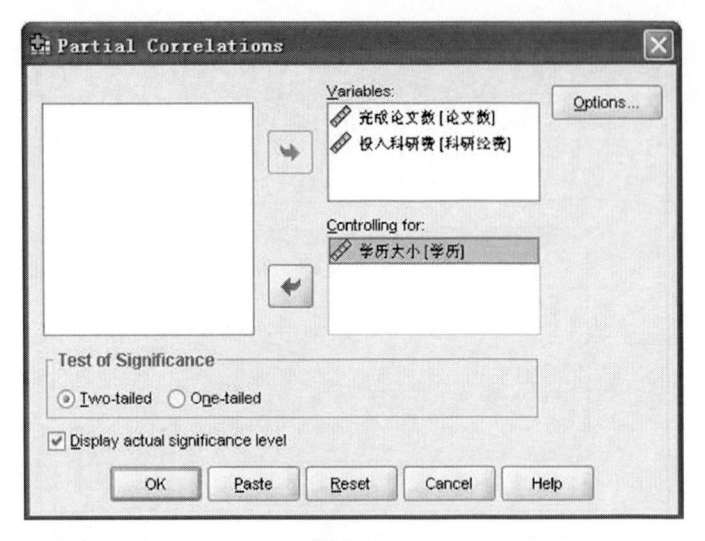

圖 12-9

把所求相關變量（論文數和科研經費）移至 Variables:，把控制變量移至 Controlling for: 中，點擊 OK，得到如圖 12-10 所示統計結果。

相关性

控制变量			完成论文数	投入科研费
学历大小	完成论文数	相关性	1.000	.339
		显著性（双侧）	.	.216
		df	0	13
	投入科研费	相关性	.339	1.000
		显著性（双侧）	.216	.
		df	13	0

圖 12-10

【註解】圖 12-10 中，兩個相關變量（論文數和科研經費）的偏相關係數 = 0.339，說明二者呈較弱的正相關關係；對應的偏相關係數雙側檢驗概率 P 值 = 0.216，大於顯著性水平 0.05，應接受原假設（兩個變量之間不具有相關性），即論文數與科研經費之間的相關性不顯著。

不過，與論文數和科研經費的相關分析比較：論文數與科研經費的 Pearson 相關係數 = 0.283，相關係數檢驗對應的概率 P 值 = 0.288。由此可見偏相關係數要大些，說明控制變量（學歷）使得論文數和科研經費的相關性減弱了。

【實戰應用】

請收集 30 名 10 歲男孩的身高（cm）、體重（kg）和肺活量（ml）的數據。試分析身高和肺活量之間是否具有相關性？

【分析報告】

【分析報告基本格式】

實驗項目	
實驗日期	實驗地點
實驗目的	
實驗內容	
實驗步驟	
實驗結果	
實驗分析	
實驗小結	
備註	

實驗十三　一元線性迴歸分析

【實驗目的】

1. 準確理解簡單線性迴歸分析的方法原理。
2. 熟練掌握簡單線性迴歸分析的 SPSS 操作。

【知識儲備】

1. 簡單線性迴歸分析的基本思路

迴歸分析是定量反應數值型變量之間明顯存在的相關關係的一種統計推斷方法。迴歸分析根據自變量的多少可分為簡單迴歸分析和多元迴歸分析，根據關係類型可分為線性迴歸分析和非線性迴歸分析。簡單線性迴歸分析就是在一個因變量與一個自變量之間進行的線性相關關係的統計推斷。簡單線性迴歸分析的理論模型為：

$$y = \beta_0 + \beta_1 x + \varepsilon \tag{13.1}$$

其理論假設為：

$$\begin{cases} E(\varepsilon_i) = 0 \\ \operatorname{var}(\varepsilon_i) = \sigma^2 \\ \operatorname{cov}(\varepsilon_i, \varepsilon_j) = 0 \end{cases} \tag{13.2}$$

對於所有的 i 和 j，$i \neq j$。

簡單線性迴歸的核心任務是根據樣本數據求出未知參數 β_0 和 β_1 的估計值 $\hat{\beta}_0$ 和 $\hat{\beta}_1$，從而得出估計的迴歸方程為：

$$y = \hat{\beta}_0 + \hat{\beta}_1 x + \varepsilon \tag{13.3}$$

檢驗 β_1 是否顯著的統計量為 t 統計量。計算公式為：

$$t = \frac{\beta_1}{s_{\beta_1}} \tag{13.4}$$

其中，$s_{\beta_1} = \sqrt{\dfrac{\sum (y_i - \hat{y}_i)^2}{(n-2) \sum (x_i - \bar{x})^2}}$ \hfill (13.5)

當 $|t| > t_{\frac{\alpha}{2}}(n-2)$ 時，線性關係成立。

2. 簡單線性迴歸分析中的擬合優度檢驗

判斷線性迴歸直線擬合優度的檢驗統計量為：

$$R^2 = \frac{\sum (\hat{y}_i - \bar{y})^2}{\sum (y_i - \bar{y})^2} \tag{13.6}$$

其中 $\sum (y_i - \bar{y})^2 = SST$，稱為總平方和；$\sum (\hat{y}_i - \bar{y})^2 = SSR$，稱為迴歸平方和。$SSE = SST - SSR = \sum (\hat{y}_i - y_i)^2$，稱為殘差平方和。

為消除自變量個數與樣本量大小對判定系數的影響，又引入了調整的 R^2，計算公式為：

$$R^2 = \frac{\sum (\hat{y}_i - \bar{y})/(n-k-1)}{\sum (y_i - \bar{y})^2/(n-1)} = 1 - \frac{\sum (y_i - \hat{y}_i)^2/(n-k-1)}{\sum (y_i - \bar{y})^2/(n-1)} \tag{13.7}$$

其中，k 為自變量的個數，n 為樣本觀測數目。對於一元線性迴歸方程，$k=1$。

3. 簡單線性迴歸分析中的 F 檢驗

迴歸方程顯著性檢驗的統計量為 F 統計量：

$$F = \frac{\sum (\hat{y}_i - \bar{y})^2/k}{\sum (y_i - \hat{y}_i)^2/(n-k-1)} = \frac{R^2/k}{(1-r^2)/(n-k-1)} \sim F(k, n-k-1) \tag{13.8}$$

其中，k 為解釋變量的個數，n 為樣本數。對於一元線性迴歸方程，$k=1$。

4. 簡單線性迴歸分析中的殘差分析

所謂殘差是指由迴歸方程計算所得的預測值與真實值之間的差距，定義為：

$$e_i = y_i - \hat{y}_i = y_i - (\hat{\beta}_0 + \hat{\beta}_1 x) \quad (i=1,2,\cdots,p) \tag{13.9}$$

它是迴歸模型中 ε_i 的估計值，由多個 e_i 形成的序列稱為殘差序列。可通過殘差分析來證實模型假設。

5. 簡單線性迴歸分析中的 DW 檢驗

在對迴歸模型的診斷中，需要診斷迴歸模型中殘差序列的獨立性。如果殘差序列不相互獨立，那麼根據迴歸模型的任何估計與假設做出的結論都是不可靠的。檢驗殘差序列相互獨立性的統計量稱為 DW 統計量。其取值範圍為：$0 < DW < 4$。其統計學意義為：①若 $DW = 2$，表明相鄰兩點的殘差項相互獨立；②若 $0 < DW < 2$，表明相鄰兩點的殘差項正相關；③若 $2 < DW < 4$，表明相鄰兩點的殘差項負相關。

6. 簡單線性迴歸分析的基本步驟

（1）由樣本數據繪製的散點圖，判斷變量之間是否存在線性相關關係。
（2）確定因變量與自變量，並初步設定迴歸方程。
（3）估計參數，建立迴歸預測模型。
（4）利用檢驗統計量對迴歸預測模型進行各項顯著性檢驗。
（5）檢驗通過後，可利用迴歸模型進行預測，分析評價預測值。

【實例演習】

【例】我們根據隨機收集的 20 對成年父子身高的數據(見圖 13 - 1) 來研究兒子的身高與父親的身高到底有多大的關聯程度，並研究能否通過父親的身高對兒子的身高進行一定的預測。

	父亲身高	儿子身高
1	160	162
2	163	165
3	158	160
4	170	173
5	175	177
6	168	170
7	179	178
8	158	162
9	183	179
10	168	160
11	165	167
12	182	178
13	152	167
14	168	172
15	168	173
16	164	167
17	176	174
18	168	167
19	175	176
20	159	167

圖 13 - 1

第一步：從直觀的角度分析父親的身高和兒子的身高是否具有關聯度，如圖 13 - 2 所示。

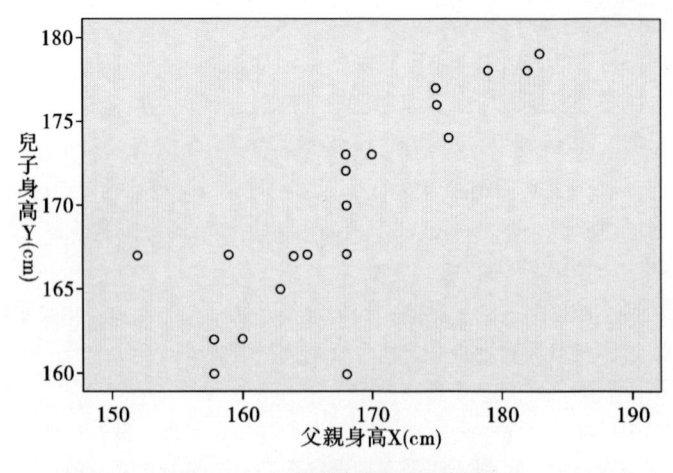

圖 13 - 2　父親身高與兒子身高圖示

【註解】由散點圖13-2可知：父親身高與兒子身高具有一定的相關性。

第二步：從定量的角度研究父親身高與兒子身高的關聯度，並求相關係數，如圖13-3所示。

相关性

		父亲身高X（cm）	儿子身高Y（cm）
父亲身高X（cm）	Pearson 相关性	1	.833**
	显著性（双侧）		.000
	N	20	20
儿子身高Y（cm）	Pearson 相关性	.833**	1
	显著性（双侧）	.000	
	N	20	20

**. 在 .01 水平（双侧）上显著相关。

圖 13-3

【註解】兩個相關變量（父親身高與兒子身高）的 Pearson 相關係數 = 0.833 > 0，表示二者呈高度的正相關關係；相關係數檢驗對應的概率 P 值 = 0.000，大於顯著性水平0.01，應拒絕原假設（兩個變量之間不具有相關性），即父親身高與兒子身高之間具有顯著的相關性。

第三步：建立迴歸方程。

迴歸方程的建立，必須解決幾個檢驗：

（1）迴歸方程對樣本數據的擬合程度，對應的是迴歸方程的擬合優度檢驗。

（2）基於樣本數據所確立的線性迴歸方程是否能拓展到總體？對應的是迴歸方程整體顯著性檢驗（迴歸分析的方差分析）。

（3）每個解釋變量對被解釋變量的影響在總體中是否存在？對應的是迴歸系數的顯著性檢驗。由於一元迴歸模型只涉及一個自變量，因此，迴歸方程整體顯著性檢驗和迴歸系數的顯著性檢驗是等價的。

點擊 Analyze → Regression → Linear，如圖13-4、圖13-5所示。

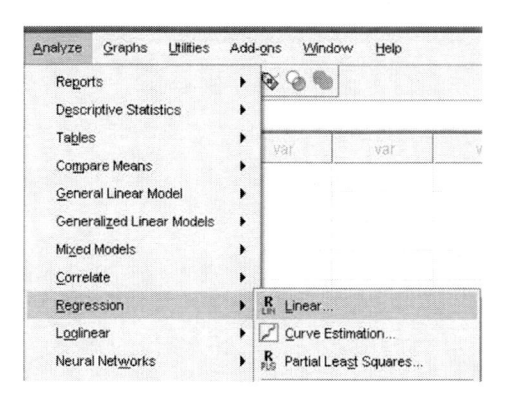

圖 13-4

統計學基礎實驗（SPSS）

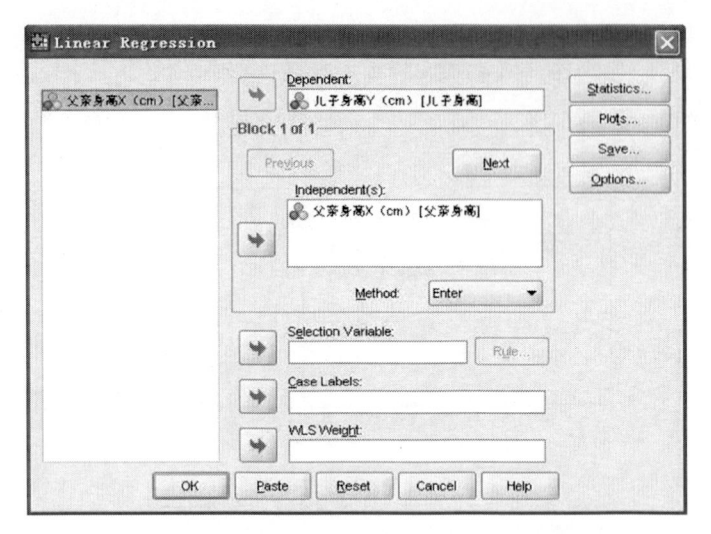

圖 13－5

把被解釋變量（兒子身高）移至 Dependent: 中，把解釋變量（父親身高）移至 Independent(s):。在 Statistics... 中的 Regression Coefficient 中選擇輸出統計量中的默認項 ☑ Estimates 和 ☑ Model fit，如圖 13－6 所示。

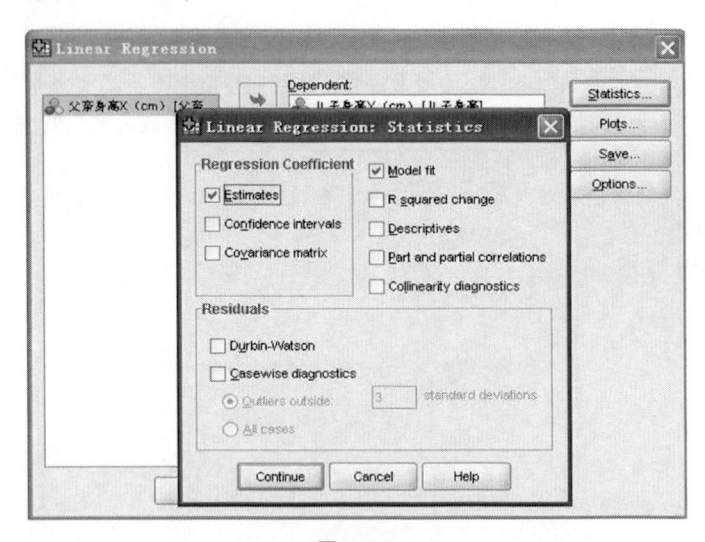

圖 13－6

☑ Estimates：默認項。輸出與迴歸系數相關的統計量：迴歸系數、迴歸系數的標準誤差、標準化迴歸系數、迴歸系數顯著性檢驗的 t 統計量值和對應的概率 P 值。

☑ Model fit：默認項。輸出模型擬合相關的統計量：相關係數、判定系數、調整判定系數、迴歸方程的估計標準誤差和迴歸方程整體顯著性檢驗的方差分析表。

在 Options... 中選擇默認項 ☑ Include constant in equation，如圖 13－7 所示。

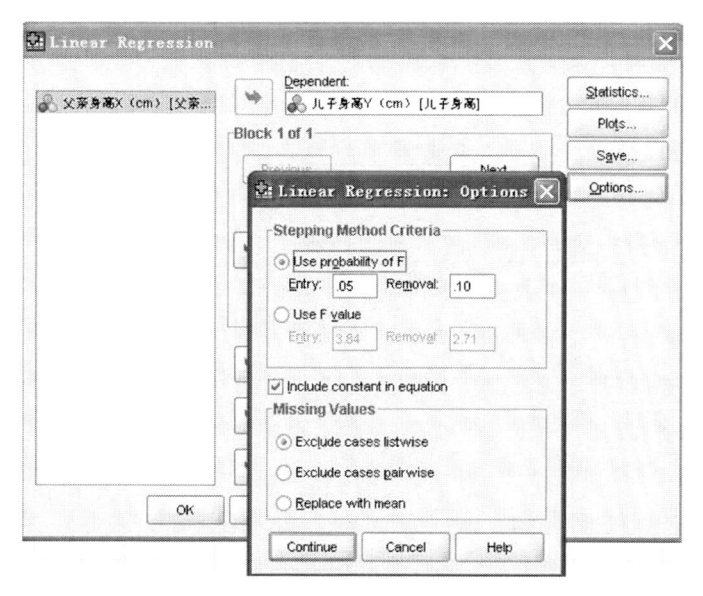

圖 13－7

☑ Include constant in equation：默認項。表示線性迴歸方程中含有常數項。若不選此項，則迴歸模型經過原點，對某些迴歸結果的解釋將不一樣。

點擊 OK，得到如圖 13－8、圖 13－9、圖 13－10、圖 13－11 所示的統計結果。

輸入／移去的變量[b]

模型	輸入的變量	移去的變量	方法
1	父亲身高X（cm）[a]	.	輸入

a. 已輸入所有請求的變量。
b. 因變量：儿子身高Y（cm）。

圖 13－8

【註解】圖 13－8 顯示的是迴歸分析方法引入變量的方式，在 Method 中選擇。一元線性迴歸只有一個變量，此步意義不大。

模型摘要

模型	R	R 方	調整的 R 方	估計的標準差
1	.833[a]	.694	.677	3.519

a. 預測變量：(常量),父亲身高X（cm）。

圖 13－9

【註解】圖 13－9 是迴歸方程的擬合優度檢驗。
第二列：兩個變量（被解釋變量和解釋變量）的相關係數 $R = 0.833$。
第三列：被解釋變量（兒子身高）和解釋變量（父親身高）的判定係數 R^2 等於

0.694 是一元線性迴歸方程擬合優度檢驗的統計量；判定系數越接近 1，說明迴歸方程對樣本數據的擬合優度越高，被解釋變量可以被模型解釋的部分越多。

第四列：被解釋變量（兒子身高）和解釋變量（父親身高）的調整判定系數 R^2 = 0.677。這主要適用於存在多個解釋變量的時候。

第五列：迴歸方程的估計標準誤差 = 3.519。

ANOVA[b]

模型		平方和	df	均方	F	顯著性
1	回归	505.349	1	505.349	40.818	.000[a]
	残差	222.851	18	12.381		
	合計	728.200	19			

a. 预测变量:(常量), 父亲身高X（cm）。
b. 因变量: 儿子身高Y（cm）。

圖 13 - 10

【註解】圖 13 - 10 是迴歸方程的整體顯著性檢驗——迴歸分析的方差分析。

第二列：被解釋變量（兒子身高）的總離差平方和 = 728.2，可分解為兩部分：迴歸平方和 = 505.349；剩餘平方和 = 222.851。

F 檢驗統計量的值 = 40.818，對應的概率 P 值 = 0.000，小於顯著性水平 0.05，應拒絕迴歸方程顯著性檢驗的原假設（迴歸系數與 0 不存在顯著性差異）。結論：迴歸系數不為 0，被解釋變量（兒子身高）與解釋變量（父親身高）的線性關係是顯著的，可以建立線性模型。

系數[a]

模型		非標准化系数		標准化系数	t	顯著性
		B	标准误	Beta		
1	（常量）	67.283	16.050		4.192	.001
	父亲身高X（cm）	.610	.095	.833	6.389	.000

a. 因变量: 儿子身高Y（cm）。

圖 13 - 11

【註解】圖 13 - 11 表示的是迴歸方程的迴歸系數和常數項的估計值，以及迴歸系數的顯著性檢驗。

第二列：常數項估計值 = 67.283，迴歸系數估計值 = 0.61。

第三列：迴歸系數的標準誤差 = 0.095。

第四列：標準化迴歸系數 = 0.833。

第五、六列：迴歸系數 t 檢驗的 t 統計量值 = 6.389，對應的概率 P 值 = 0.000，小於顯著性水平 0.05，拒絕原假設（迴歸系數與 0 不存在顯著性差異）。結論：迴歸系數不為 0，被解釋變量（兒子身高）與解釋變量（父親身高）的線性關係是顯著的。

因此，迴歸方程為：

$$\hat{y}_i = 67.283 + 0.61 x_i$$

實驗十三　一元線性迴歸分析

第四步：迴歸方程的進一步分析，詳見圖 13-12 至圖 13-16。
(1) 在 Statistics... 中選擇其他輸出統計量：
①在迴歸系數 Regression Coefficient 中選擇：
☑ Confidence intervals：輸出每個非標準化迴歸系數的 95% 置信區間。

系数^a

模型		非标准化系数		标准化系数	t	显著性	B的95% 置信区间	
		B	标准误	Beta			下限	上限
1	（常量）	67.283	16.050		4.192	.001	33.563	101.002
	父亲身高X（cm）	.610	.095	.833	6.389	.000	.409	.810

a. 因变量：儿子身高Y（cm）。

圖 13-12

【註解】圖 13-12 是迴歸方程的迴歸系數表：
第七、八列：非標準化迴歸系數的 95% 置信區間的上限和下限。

☑ Descriptives：輸出各解釋變量和被解釋變量的均值、標準差、相關係數矩陣和單側檢驗概率值。

描述统计量

	均值	标准差	N
儿子身高Y（cm）	169.70	6.191	20
父亲身高X（cm）	167.95	8.457	20

圖 13-13

相关性

		儿子身高Y（cm）	父亲身高X（cm）
Pearson 相关性	儿子身高Y（cm）	1.000	.833
	父亲身高X（cm）	.833	1.000
显著性（单侧）	儿子身高Y（cm）	.	.000
	父亲身高X（cm）	.000	.
N	儿子身高Y（cm）	20	20
	父亲身高X（cm）	20	20

圖 13-14

②在殘差分析 Residuals 中選擇：
☑ Durbin-Watson：輸出殘差 Durbin-Waston 檢驗的相關統計量。

残差统计量^a

	极小值	极大值	均值	标准差	N
预测值	159.97	178.88	169.70	5.157	20
残差	-9.730	7.026	.000	3.425	20
标准预测值	-1.886	1.780	.000	1.000	20
标准残差	-2.765	1.997	.000	.973	20

a. 因变量：儿子身高Y（cm）。

圖 13-15

【註解】 ☑ Casewise diagnostics：個案診斷。

⦿ Outliers outside: 3 standard deviations：超過 3 倍（默認值）標準差以上的個案為奇異值。

⦿ All cases：顯示所有變量的標準化殘差、觀測值和預測值、殘差。

案例診斷ᵃ

案例數	標准殘差	儿子身高Y（cm）	預測值	殘差
1	-.811	162	164.85	-2.852
2	-.478	165	166.68	-1.681
3	-1.032	160	163.63	-3.632
4	.583	173	170.95	2.050
5	.853	177	174.00	3.001
6	.077	170	169.73	.270
7	.444	178	176.44	1.562
8	-.464	162	163.63	-1.632
9	.035	179	178.88	.122
10	-2.765	160	169.73	-9.730
11	-.256	167	167.90	-.901
12	-.076	178	178.27	-.268
13	1.997	167	159.97	7.026
14	.645	172	169.73	2.270
15	.929	173	169.73	3.270
16	-.083	167	167.29	-.291
17	-.173	174	174.61	-.609
18	-.776	167	169.73	-2.730
19	.569	176	174.00	2.001
20	.784	167	164.24	2.758

a. 因變量：儿子身高Y（cm）。

圖 13－16

【註解】圖 13－16 中第 10 行的殘差和標準化殘差的絕對值最大。

（2）在 Plots... 中選擇並利用圖形進行殘差分析，如圖 13－17 所示。

實驗十三 一元線性迴歸分析

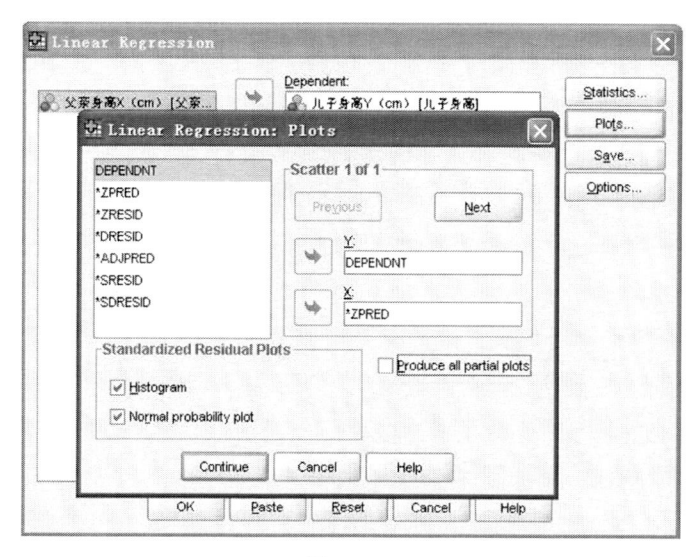

圖 13-17

①散點圖，如圖 13-8 所示。
把因變量 DEPENDNT 移至 Y 軸，把標準化預測值 *ZPRED 移至 X 軸。

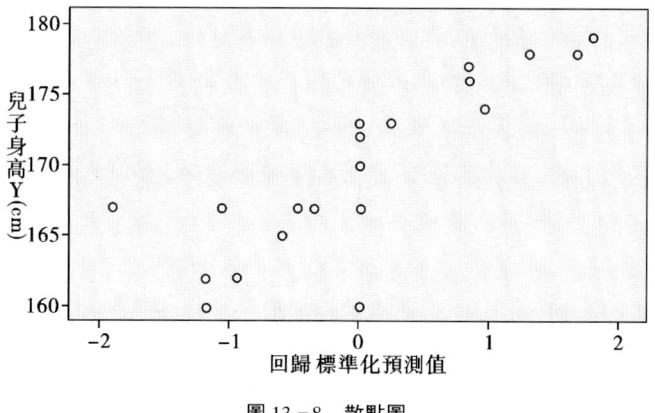

圖 13-8 散點圖

【註解】圖 13-8 表示的是因變量與迴歸標準化預測值的散點圖。兩個變量呈直線趨勢。

②迴歸標準殘差直方圖 ☑ Histogram，如圖 13-19 所示。

107

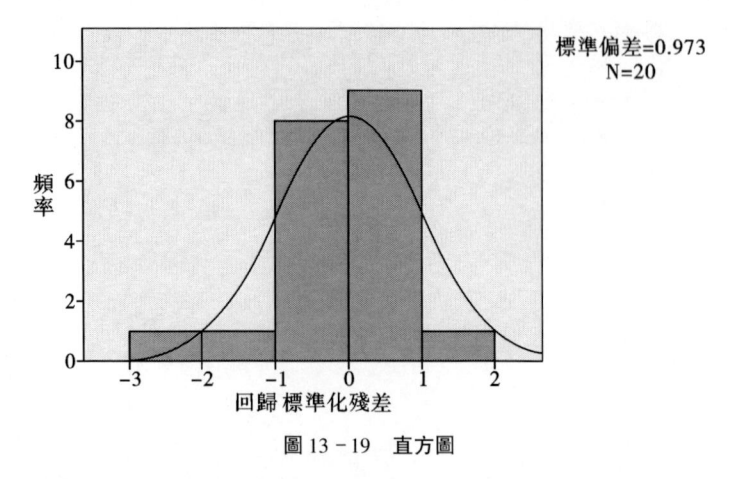

統計學基礎實驗（SPSS）

標準偏差=0.973
N=20

圖 13-19　直方圖

【註解】圖 13-19 是迴歸標準殘差直方圖。
③迴歸標準化殘差的標準正態 P-P 圖，如圖 13-20 所示。

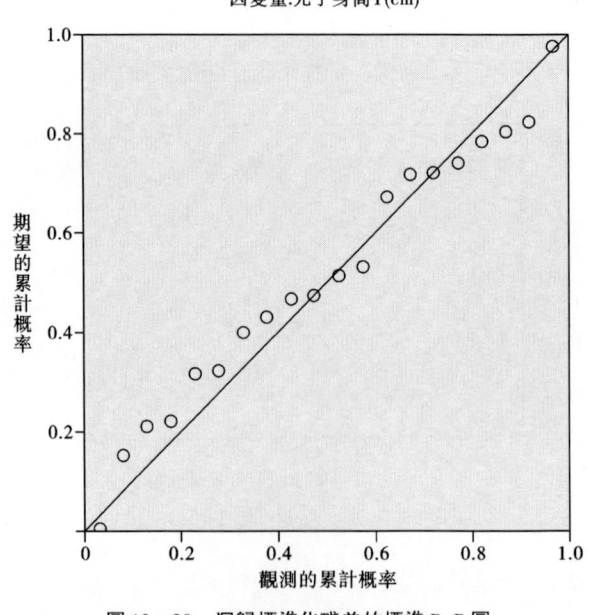

因變量:兒子身高Y(cm)

圖 13-20　迴歸標準化殘差的標準 P-P 圖

【註解】圖 13-20 給出了觀測值的殘差分佈與假設的正態分佈之間的比較。若標準化殘差呈正態分佈，則標準化的殘差散點應分佈在直線上或靠近直線。
　　（3）在 Save... 中選擇預測區間和預測值，並作為新變量保留在文檔中，如圖 13-21 所示。

實驗十三 一元線性迴歸分析

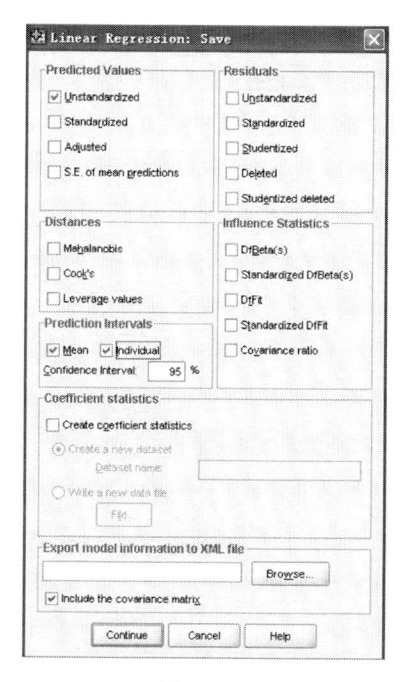

圖 13－21

☑ Unstandardized：模型中因變量的非標準化預測值，如圖 13－22 所示。

	父亲身高	儿子身高	PRE_1非标准化预测值
1	152	167	159.97355
2	158	160	163.63240
3	158	162	163.63240
4	159	167	164.24221
5	160	162	164.85202
6	163	165	166.68145
7	164	167	167.29125
8	165	167	167.90106
9	168	170	169.73049
10	168	160	169.73049
11	168	172	169.73049
12	168	173	169.73049
13	168	167	169.73049
14	170	173	170.95011
15	175	177	173.99915
16	175	176	173.99915
17	176	174	174.60896
18	179	178	176.43839
19	182	178	178.26782
20	183	179	178.87763

圖 13－22

109

統計學基礎實驗（SPSS）

在預測區間 Prediction Intervals 中，選擇平均預測區間 ☑ Mean，如圖 13－23 所示。

	父亲身高	儿子身高	LMCI_1上限	UMCI_1下限
1	152	167	156.37321	163.57388
2	158	160	161.04137	166.22343
3	158	162	161.04137	166.22343
4	159	167	161.80224	166.68217
5	160	162	162.55553	167.14850
6	163	165	164.75333	168.60956
7	164	167	165.45830	169.12421
8	165	167	166.14542	169.65670
9	168	170	168.07749	171.38350
10	168	160	168.07749	171.38350
11	168	172	168.07749	171.38350
12	168	173	168.07749	171.38350
13	168	167	168.07749	171.38350
14	170	173	169.24678	172.65343
15	175	177	171.82407	176.17423
16	175	176	171.82407	176.17423
17	176	174	172.29851	176.91941
18	179	178	173.67391	179.20287
19	182	178	175.00127	181.53436
20	183	179	175.43662	182.31863

圖 13－23

在預測區間 Prediction Intervals 中，選擇個體預測區間 ☑ Individual，如圖 13－24 所示。

	父亲身高	儿子身高	LICI_1上限	UICI_1下限
1	152	167	151.75108	168.19601
2	158	160	155.79914	171.46566
3	158	162	155.79914	171.46566
4	159	167	156.45761	172.02681
5	160	162	157.11119	172.59284
6	163	165	159.04180	174.32109
7	164	167	159.67507	174.90744
8	165	167	160.30312	175.49901
9	168	170	162.15560	177.30538
10	168	160	162.15560	177.30538
11	168	172	162.15560	177.30538
12	168	173	162.15560	177.30538
13	168	167	162.15560	177.30538
14	170	173	163.36408	178.53614
15	175	177	166.29347	181.70483
16	175	176	166.29347	181.70483
17	176	174	166.86398	182.35394
18	179	178	168.54606	184.33072
19	182	178	170.18593	186.34970
20	183	179	170.72367	187.03158

圖 13－24

【實戰應用】

現要分析美國每年每人對飲料的需求量，已知影響飲料需求量的因素主要有價格、收入和氣溫三個因素，試求：
(1) 飲料的需求量與價格的相關迴歸分析；
(2) 飲料的需求量與收入的相關迴歸分析；
(3) 飲料的需求量與氣溫的相關迴歸分析。

【分析報告】

【分析報告基本格式】

實驗項目	
實驗日期	實驗地點
實驗目的	
實驗內容	
實驗步驟	
實驗結果	
實驗分析	
實驗小結	
備註	

實驗十四　多元線性迴歸分析

【實驗目的】

1. 準確理解多元線性迴歸分析的方法原理。
2. 熟練掌握多元線性迴歸分析的 SPSS 操作。

【知識儲備】

1. 多元線性迴歸模型

多元線性迴歸模型是指含有多個自變量的線性迴歸模型，用於解釋因變量與其他多個自變量之間的線性關係。

多元線性迴歸模型的數學表達式為：

$$y = \beta_0 + \beta_1 x_1 + \beta_2 x_2 + \cdots + \beta_k x_k + \varepsilon \tag{14.1}$$

式（14.1）中，因變量 y 的變化可由兩個部分解釋：一是 k 個自變量 x 的變化引起的 y 的變化部分；二是其他隨機因素引起的 y 的變化部分，即 ε。$\beta_0, \beta_1, \beta_2, \cdots, \beta_k$ 是模型中的未知參數，分別稱為迴歸常數和偏迴歸系數，ε 稱為隨機誤差，是一個隨機變量。

根據樣本數據得到未知參數 $\beta_0, \beta_1, \beta_2, \cdots, \beta_k$，其估計值為 $\hat{\beta}_0, \hat{\beta}_1, \hat{\beta}_2, \cdots, \hat{\beta}_k$。於是有：

$$\hat{y} = \hat{\beta}_0 + \hat{\beta}_1 x_1 + \hat{\beta}_2 x_2 + \cdots + \hat{\beta}_k x_k \tag{14.2}$$

2. 迴歸系數的檢驗

多元線性迴歸分析中，迴歸系數顯著性檢驗的原假設為：$H_0: \beta_i = 0$ ($i = 1, 2, \cdots, k$)，即第 i 個偏迴歸系數與 0 無顯著差異。檢驗 β_i 的顯著性的統計量為 t 統計量：

$$t_i = \frac{\beta_i}{s_{\beta_i}} \tag{14.3}$$

其中，$s_{\beta_i} = \sqrt{\dfrac{\sum (y_i - \hat{y}_i)^2}{(n-k-1)\sum (x_{ji} - \bar{x}_i)^2}}$ \hfill (14.4)

當 $|t| > t_{\frac{\alpha}{2}}(n-k-1)$ 時，拒絕原假設。

3. 迴歸方程的檢驗

多元線性迴歸方程顯著性檢驗的原假設為 $H_0 = \beta_1 = \beta_2 = \cdots = \beta_k = 0$，檢驗的統計量為 F 統計量：

$$F = \frac{\sum(\hat{y}_i - \bar{y})^2/k}{\sum(\hat{y}_i - \bar{y})^2/(n-k-1)} = \frac{R^2/k}{(1-R^2)/(n-k-m)} \sim F(k, n-k-1)$$

(14.5)

式（14.5）中，k 為解釋變量的個數，n 為樣本數。SPSS 自動將 F 值與概率 P 值相對應，如果 P 值小於給定的顯著性水平 ∂，則拒絕原假設。

4. 多元線性迴歸分析的基本步驟

（1）確定因變量與自變量，並初步設定多元線性迴歸方程。
（2）估計參數，確定估計多元線性迴歸方程。
（3）利用檢驗統計量對迴歸預測模型進行各項顯著性檢驗。
（4）檢驗通過後，可以用迴歸模型進行預測，分析評價預測值。

【實例演習】

【例】現要研究高校科研項目立項的數目受哪些因素的影響。圖 14-1 是 16 個高校的科研數據，試建立多元迴歸分析。

	人數	高稱人數	科研經費	課題數	專著數	論文數	获奖数
1	679	373	33980	326	272	1227	23
2	164	93	4539	99	48	305	13
3	236	103	4063	83	41	444	5
4	251	120	4415	90	58	430	12
5	143	79	947	47	39	280	11
6	548	243	13841	311	96	1045	54
7	215	98	4967	59	23	389	9
8	195	83	841	77	41	390	14
9	442	224	9601	183	112	1148	13
10	423	194	13789	211	74	770	23
11	149	78	2233	69	24	298	8
12	235	114	7095	113	43	478	14
13	114	50	784	88	14	195	28
14	87	24	50	17	6	117	6
15	97	41	1961	53	16	225	9
16	95	30	89	69	15	158	10

圖 14-1

1. 迴歸分析的基本分析

點擊 Analyze → Regression → Linear，如圖 14-2、圖 14-3 所示。

統計學基礎實驗（SPSS）

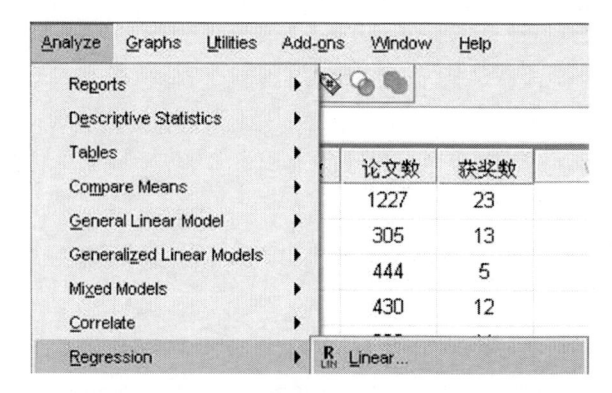

圖 14-2

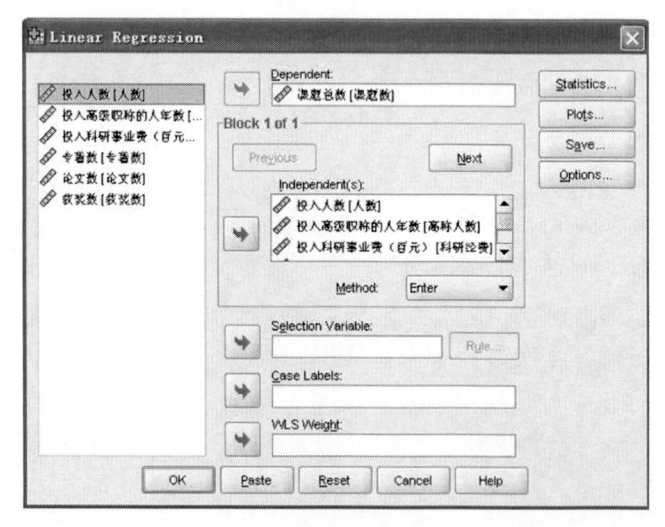

圖 14-3

把被解釋變量（課題數）移至 Dependent: 中，把解釋變量移至 Independent(s): 中。在 Statistics... 中的 Regression Coefficient 中選擇輸出統計量中的默認項 ☑Estimates 和 ☑Model fit，點擊 OK，得到如圖 14-4 至圖 14-7 所示的統計結果。

輸入／移去的變量[b]

模型	輸入的變量	移去的變量	方法
1	獲獎數,專著數,論文數,投入科研事業費（百元）,投入人數,投入高級職稱的人年數[a]	.	輸入

a. 已輸入所有請求的變量。
b. 因變量：課題總數。

圖 14-4

114

【註解】在 Method: 中選擇 Enter，顯示迴歸分析方法引入變量的方式。

模型摘要

模型	R	R方	調整的R方	估計的标准差
1	.991ª	.982	.971	15.700

a. 預測變量:(常量),获奖数,专著数,论文数,投入科研事业费（百元），投入人数,投入高级职称的人年数。

圖 14－5

【註解】圖 14－5 表示的是迴歸方程的擬合優度檢驗。

第二列：兩個變量（被解釋變量和解釋變量）的復相關係數 $R = 0.991$。

第三列：被解釋變量（課題數）和解釋變量的判定係數 $R^2 = 0.982$。

第四列：被解釋變量（課題數）和解釋變量的調整判定係數 $R^2 = 0.971$。在存在多個解釋變量的時候，需要參考調整的判定係數，其越接近 1，說明迴歸方程對樣本數據的擬合優度越高，被解釋變量可以被模型解釋的部分越多。

第五列：迴歸方程的估計標準誤差 = 15.7。

ANOVAᵇ

模型		平方和	df	均方	F	显著性
1	回归	123891.518	6	20648.586	83.770	.000ª
	残差	2218.419	9	246.491		
	合计	126109.938	15			

a. 預測變量:(常量),获奖数,专著数,论文数,投入科研事业费（百元），投入人数,投入高级职称的人年数。
b. 因變量：課題总数。

圖 14－6

【註解】圖 14－6 表示的是迴歸方程的整體顯著性檢驗——迴歸分析的方差分析結果。

第二列：被解釋變量（課題數）的總離差平方和 = 126,109.938，被分解為兩部分：迴歸平方和 = 123,891.518；剩餘平方和 = 2,218.419。

F 檢驗統計量的值 = 83.77，對應的概率 P 值 = 0.000，小於顯著性水平 0.05，應拒絕迴歸方程顯著性檢驗的原假設（迴歸係數與 0 不存在顯著性差異）即認為迴歸係數不為 0，被解釋變量（課題數）與解釋變量的線性關係是顯著的，可以建立線性模型。

系数ª

模型		非标准化系数 B	标准误	标准化系数 Beta	t	显著性
1	（常量）	.932	11.093		.084	.935
	投入人数	.128	.248	.246	.515	.619
	投入高级职称的人年数	-.375	.599	-.381	-.626	.547
	投入科研事业费（百元）	.005	.003	.470	1.993	.077
	专著数	.084	.321	.059	.262	.799
	论文数	.103	.072	.402	1.439	.184
	获奖数	2.686	.516	.352	5.203	.001

a. 因变量：课题总数。

图 14-7

【註解】圖 14-7 表示的是迴歸係數的顯著性檢驗以及迴歸方程的偏迴歸係數和常數項的估計值。

第二列：常數項估計值 = 0.932；其餘是偏迴歸係數估計值。

第三列：偏迴歸係數的標準誤差。

第四列：標準化偏迴歸係數。

第五列：偏迴歸係數 t 檢驗的 t 統計量值。

第六列：t 統計量對應的概率 P 值，小於顯著性水平 0.05，拒絕原假設（迴歸係數與 0 不存在顯著性差異），即認為迴歸係數不為 0，被解釋變量與解釋變量的線性關係是顯著的；P 值大於顯著性水平 0.05，接受原假設（迴歸係數與 0 不存在顯著性差異），即認為迴歸係數為 0，被解釋變量與解釋變量的線性關係不顯著。

於是，多元線性迴歸方程為：

$$\hat{y}_i = 0.932 + 0.128x_1 - 0.375x_2 + 0.005x_3 + 0.084x_4 + 0.103x_5 + 2.686x_6 \quad (14.6)$$

2. 迴歸分析的進一步分析

（1）多重共線性檢驗。

在 Statistics 中的迴歸係數 Regression Coefficient 中選擇：

☑ Collinearity diagnostics：共線性診斷。輸出共線性統計量（容差、方差膨脹因子（VIF））和共線性診斷表，如圖 14-8、圖 14-9 所示。

系数ª

模型		非标准化系数 B	标准误	标准化系数 Beta	t	显著性	共线性统计量 容差	VIF
1	（常量）	.932	11.093		.084	.935		
	投入人数	.128	.248	.246	.515	.619	.009	116.620
	投入高级职称的人年数	-.375	.599	-.381	-.626	.547	.005	189.578
	投入科研事业费（百元）	.005	.003	.470	1.993	.077	.035	28.417
	专著数	.084	.321	.059	.262	.799	.038	26.022
	论文数	.103	.072	.402	1.439	.184	.025	40.030
	获奖数	2.686	.516	.352	5.203	.001	.426	2.347

a. 因变量：课题总数。

图 14-8

實驗十四　多元線性迴歸分析

【註解】圖 14-8 中，第七列：各變量容差。
第八列：各變量方差膨脹因子。

從容差和方差膨脹因子來看，投入人數和投入高級職稱的人年數兩個變量與其他解釋變量的多重共線性很嚴重，在重新建模時可以考慮剔除該變量。

共线性诊断^a

模型	维	特征值	条件索引	方差比例						
				（常量）	投入人数	投入高级职称的人年数	投入科研事业费（百元）	专著数	论文数	获奖数
1	1	6.164	1.000	.00	.00	.00	.00	.00	.00	.00
	2	.547	3.357	.09	.00	.00	.01	.01	.00	.06
	3	.196	5.602	.23	.00	.00	.00	.00	.00	.46
	4	.065	9.714	.21	.00	.00	.06	.03	.06	.10
	5	.022	16.708	.05	.01	.00	.36	.52	.00	.15
	6	.003	43.349	.42	.30	.09	.57	.00	.92	.18
	7	.001	68.830	.00	.69	.91	.01	.44	.02	.05

a. 因变量：课题总数。

圖 14-9

【註解】圖 14-9 中，第二列：特徵根。
第三列：條件指數。

從條件指數看，第 5、6、7 個條件指數都大於 10，說明變量之間存在多重共線性。

第 4~10 列：各特徵根解釋各解釋變量的方差比。

從方差比來看，第 7 個特徵根解釋投入人數 69%，解釋投入高級職稱的人年數 91%，解釋專著數 44%。可以認為，這些變量存在多重共線性。需要重新建立迴歸方程。

（2）重建迴歸方程。

在 Method 中的 Backward 中：在 Statistics 中的迴歸係數 Regression Coefficient 中選擇 ☑ R squared change；在 Residuals 中選擇 ☑ Durbin-Watson。如圖 14-10 所示。

输入／移去的变量^b

模型	输入的变量	移去的变量	方法
1	获奖数,专著数,论文数,投入科研事业费（百元）,投入人年数,投入高级职称的人年数^a		输入
2		投入人年数	向后（准则:F-to-remove 的概率 <=.100）。
3		投入高级职称的人年数	向后（准则:F-to-remove 的概率 <=.100）。

a. 已输入所有请求的变量。
b. 因变量：课题总数。

圖 14-10

【註解】 圖 14-10 分別剔除了投入人數和投入高級職稱的人年數兩個變量。

模型摘要[d]

模型	R	R方	調整的R方	估計的標準差	R方更改	F更改	df1	df2	顯著性F更改	Durbin-Watson
1	.998[a]	.996	.993	82.6858	.996	353.039	6	9	.000	
2	.998[b]	.996	.994	78.4532	.000	.000	1	9	.991	
3	.998[c]	.996	.994	75.9867	.000	.322	1	10	.583	1.502

a. 預測變量:(常量), 獲獎數, 專著數, 論文數, 投入科研事業費（百元）, 投入人年數, 投入高級職稱的人年數。
b. 預測變量:(常量), 獲獎數, 專著數, 論文數, 投入科研事業費（百元）, 投入高級職稱的人年數。
c. 預測變量:(常量), 獲獎數, 專著數, 論文數, 投入科研事業費（百元）。
d. 因變量: 課題總數。

圖 14-11

【註解】 圖 14-11 表示的是利用向後篩選策略建立迴歸模型。經過3步完成迴歸方程的建立，最終模型為第3個模型。依次剔除的變量是：投入人年數、投入高級職稱的人年數。

模型3的復相關係數 $R = 0.998$。

判別係數 $R^2 = 0.996$。

調整判別係數 $R^2 = 0.994$；若將作用不顯著的變量引入方程，則該係數會減少。

估計的標準誤差 = 75.986,7。

模型2中偏F檢驗的概率P值 = 0.991，大於顯著性水平0.05，接受原假設（剔除變量的偏迴歸係數與0無顯著性差異），即認為剔除的變量投入人年數的偏迴歸係數與0無顯著性差異。該變量對被解釋變量的線性解釋沒有顯著性貢獻，不應保留在迴歸方程中。

模型3中偏F檢驗的概率P值 = 0.583，大於顯著性水平0.05，接受原假設（剔除變量的偏迴歸係數與0無顯著性差異），即認為剔除的變量投入高級職稱的人年數的偏迴歸係數與0無顯著性差異。該變量對被解釋變量的線性解釋沒有顯著性貢獻，不應保留在迴歸方程中。

最終保留在迴歸方程中的變量有：獲獎數、專著數、論文數和投入科研事業費。

迴歸方程的 DW 檢驗值 = 1.502，表示殘差序列存在正相關。這說明迴歸方程沒能夠充分說明被解釋變量的變化規律，可能方程中遺漏了一些重要解釋變量。

ANOVA^d

模型		平方和	df	均方	F	顯著性
1	回归	1.448E7	6	2413701.339	353.039	.000^a
	残差	61532.401	9	6836.933		
	合计	1.454E7	15			
2	回归	1.448E7	5	2896441.408	470.710	.000^b
	残差	61533.397	10	6153.340		
	合计	1.454E7	15			
3	回归	1.448E7	4	3620056.654	626.960	.000^c
	残差	63513.823	11	5773.984		
	合计	1.454E7	15			

a. 預測變量:(常量), 获奖数, 专著数, 论文数, 投入科研事业费（百元）, 投入人年数, 投入高级职称的人年数。
b. 預測變量:(常量), 获奖数, 专著数, 论文数, 投入科研事业费（百元）, 投入高级职称的人年数。
c. 預測變量:(常量), 获奖数, 专著数, 论文数, 投入科研事业费（百元）。
d. 因變量: 课题总数。

圖 14－12

【註解】圖14－12表示的是迴歸方程的整體顯著性檢驗——迴歸分析的方差分析。

模型3是最終方程。迴歸方程顯著性檢驗的概率 P 值＝0.000，小於顯著性水平 0.05，拒絕原假設（迴歸係數與0不存在顯著性差異），即認為迴歸係數不為0，被解釋變量（課題數）與解釋變量的線性關係是顯著的，建立線性模型是恰當的。

系数^a

模型		非标准化系数 B	标准误	标准化系数 Beta	t	顯著性
1	（常量）	-6.876	46.612		-.148	.886
	投入人年数	.002	.159	.004	.012	.991
	投入高级职称的人年数	.117	.394	.115	.298	.773
	投入科研事业费（百元）	.005	.001	.476	4.754	.001
	专著数	-.260	.201	-.172	-1.292	.228
	论文数	.085	.034	.322	2.542	.032
	获奖数	2.673	.296	.354	9.019	.000
2	（常量）	-6.856	44.191		-.155	.880
	投入高级职称的人年数	.121	.214	.119	.567	.583
	投入科研事业费（百元）	.005	.001	.476	5.152	.000
	专著数	-.261	.140	-.174	-1.861	.092
	论文数	.085	.031	.323	2.790	.019
	获奖数	2.675	.252	.354	10.619	.000
3	（常量）	8.142	34.303		.237	.817
	投入科研事业费（百元）	.006	.001	.507	7.030	.000
	专著数	-.219	.116	-.146	-1.896	.085
	论文数	.101	.013	.382	8.011	.000
	获奖数	2.731	.224	.362	12.182	.000

a. 因變量: 课题总数。

圖 14－13

【註解】圖14－13表示的是偏迴歸係數的顯著性檢驗結果。

模型3是最終方程，其解釋變量為：投入科研事業費、論文數和獲獎數，對應的

概率 P 值 $=0.000$，小於顯著性水平 0.05，這三個解釋變量與被解釋變量（課題數）間的線性關係顯著，保留在模型中是合理的。專著數的概率 P 值 $=0.085$，稍大於顯著性水平 0.05，小於 0.10，在模型顯著性水平 0.10 下是顯著的，故模型沒有排除該解釋變量。最終的多元線性迴歸方程為：

$$課題數 = 8.142 + 0.006 \times 投入科研費 + 0.101 \times 論文數 + 2.731 \times 獲獎數 - 0.219 \times 專著數$$

已排除的变量^c

模型		Beta In	t	显著性	偏相关	共线性统计量 容差
2	投入人年数	.004^a	.012	.991	.004	.005
3	投入人年数	.078^b	.470	.648	.147	.016
	投入高级职称的人年数	.119^b	.567	.583	.177	.010

a. 模型中的预测变量:(常量),获奖数,专著数,论文数,投入科研事业费（百元）,投入高级职称的人年数。
b. 模型中的预测变量:(常量),获奖数,专著数,论文数,投入科研事业费（百元）。
c. 因变量:课题总数。

圖 14-14

【註解】圖 14-14 表示的是模型剔除變量後的統計結果。

對每一模型，給出了對應的標準化迴歸系數（Beta in）、Beta t 值、迴歸系數概率 P 值、偏相關係數和共線性統計量容許值。

模型 2：把解釋變量（投入人年數）納入模型 a 中，此時模型的解釋變量成為 a 中的預測變量 + 投入人年數。對應的迴歸系數概率 P 值 $=0.991$，大於顯著性水平 0.05，迴歸系數檢驗不顯著，說明解釋變量（投入人年數）不能納入迴歸模型 a 中。

模型 3：第一行，把解釋變量（投入人年數）納入模型 b 中，此時模型的解釋變量成為 b 中的預測變量 + 投入人年數。對應的迴歸系數概率 P 值 $=0.648$，大於顯著性水平 0.05，迴歸系數檢驗不顯著，說明解釋變量（投入人年數）不能納入迴歸模型 b 中。

第二行，把解釋變量（投入高級職稱的人年數）納入模型 b 中，此時模型的解釋變量成為 b 中的預測變量 + 投入高級職稱的人年數。對應的迴歸系數概率 P 值 $=0.583$，大於顯著性水平 0.05，迴歸系數檢驗不顯著，說明解釋變量（投入高級職稱的人年數）不能納入迴歸模型 b 中。

残差统计量^a

	极小值	极大值	均值	标准差	N
预测值	37.961	3275.687	1102.188	982.5215	16
残差	-106.9368	139.8928	.0000	65.0712	16
标准预测值	-1.083	2.212	.000	1.000	16
标准残差	-1.407	1.841	.000	.856	16

a. 因变量:课题总数。

圖 14-15

【註解】圖 14-15 中，標準化殘差的最大絕對值 = 1.841，沒有超過默認值 3。若有超過 3 的，則顯示具體觀察單位的標準化殘差，以發現奇異值。

【實戰應用】

現要分析美國每年每人對飲料的需求量，已知影響飲料需求量的因素主要有價格、收入和氣溫三個因素，試分析：

飲料的需求量與價格、收入和氣溫的相關迴歸分析。

【分析報告】

【分析報告基本格式】

實驗項目	
實驗日期	實驗地點
實驗目的	
實驗內容	
實驗步驟	
實驗結果	
實驗分析	
實驗小結	
備註	

實驗十五　曲線估計

【實驗目的】

1. 準確理解曲線迴歸的方法原理和如何將本質線性關係模型轉化為線性關係模型進行迴歸分析。
2. 熟悉掌握曲線估計的 SPSS 操作。

【知識儲備】

1. 非線性模型的基本內容

變量之間的非線性關係可以劃分為本質線性關係和本質非線性關係。所謂本質線性關係，是指變量關係形式上雖然呈非線性關係，但是可以通過變量變換轉化為線性關係，並可最終進行線性迴歸分析，建立線性模型。本質非線性關係是指變量之間不僅形式上呈非線性關係，而且也無法通過變量變換轉化為線性關係，最終無法進行線性迴歸分析，建立線性模型。本章主要研究本質線性模型。

本質線性模型的類型劃分如表 15-1 所示。

表 15-1　　　　　　　　本質線性模型的類型

模型名	迴歸方程	線性轉化形式
二次曲線（Quadratic）	$y = \beta_0 + \beta_1 x + \beta_2 x^2$	$y = \beta_0 + \beta_1 x + \beta_2 x_1$（令 $x_1 = x^2$）
增長曲線（Growth）	$y = e^{\beta_0 + \beta_1 x}$	$\ln(y) = \beta_0 + \beta_1 x$ 或 $y_1 = \beta_0 + \beta_1 x$（令 $y_1 = \ln(y)$）
複合曲線（Compound）	$y = \beta_0 \beta_1^x$	$\ln(y) = \ln(\beta_0) + x\ln(\beta_1)$ 或 $y_1 = \beta_0' + \beta_1' x$ （令 $y_1 = \ln(y), \beta_0' = \ln(\beta_0), \beta_1' = \ln(\beta_1)$）
對數曲線（Logarithmic）	$y = \beta_0 + \beta_1 \ln(x)$	$y = \beta_0 + \beta_1 x$（令 $x_1 = \ln(x)$）
三次曲線（Cubic）	$y = \beta_0 + \beta_1 x + \beta_2 x^2 + \beta_3 x^3$	$y = \beta_0 + \beta_1 x + \beta_2 x_1 + \beta_3 x_2$ （令 $x_1 = x^2, x_2 = x^3$）

表15-1(續)

模型名	迴歸方程	線性轉化形式
S 形曲線（S）	$y = e^{\beta_0 + \frac{\beta_1}{x}}$	$\ln(y) = \beta_0 + \beta_1 x_1 \left(令 x_1 = \frac{1}{x}\right)$
指數曲線（Exponential）	$y = \beta_0 e^{\beta_1 x}$	$\ln(y) = \ln(\beta_0) + \beta_1 x_1$
逆函數（Inverse）	$y = \beta_0 + \frac{\beta_1}{x}$	$y = \beta_0 + \beta_1 x_1 \left(令 x_1 = \frac{1}{x}\right)$
冪函數（Power）	$y = \beta_0 (x^{\beta_1})$	$\ln(y) = \ln(\beta_0) + \beta_1 x_1$ （令 $x_1 = \ln(x)$）
邏輯函數（Logistic）	$y = \dfrac{1}{\dfrac{1}{\mu} + \beta_0 \beta_1^x}$	$\ln\left(\dfrac{1}{y} - \dfrac{1}{\mu}\right) = \ln(\beta_0 + \ln(\beta_1)x)$

註：β_0 為常數項，解釋變量的系數均為迴歸系數。

2. 曲線估計的基本步驟
(1) 繪製因變量與自變量的散點圖，大致確定非線性關係的類型。
(2) 選擇多個曲線迴歸預測模型，估計參數。
(3) 利用輸出的檢驗統計量對迴歸預測模型進行各項顯著性檢驗。
(4) 選擇一種最合適的曲線模型進行預測。
(5) 分析評價預測效果。

【實例演習】

【例】某地區1998—2010年人均消費性支出和教育支出的數據如圖15-1所示。試分析人均消費支出和教育支出的關係。

	年份	人均消費性支出X	教育支出Y
1	1998	1627.64	38.24
2	1999	1854.22	47.91
3	2000	2203.60	57.56
4	2001	3138.56	71.00
5	2002	4442.09	153.98
6	2003	5565.68	194.62
7	2004	6544.73	307.95
8	2005	7188.71	419.19
9	2006	7911.94	542.78
10	2007	7493.31	556.93
11	2008	7997.37	656.28
12	2009	9463.07	1091.85
13	2010	9396.45	1062.13

圖 15-1

1. 直觀分析

教育支出和年人均消費性支出的散點圖如圖 15-2 所示。

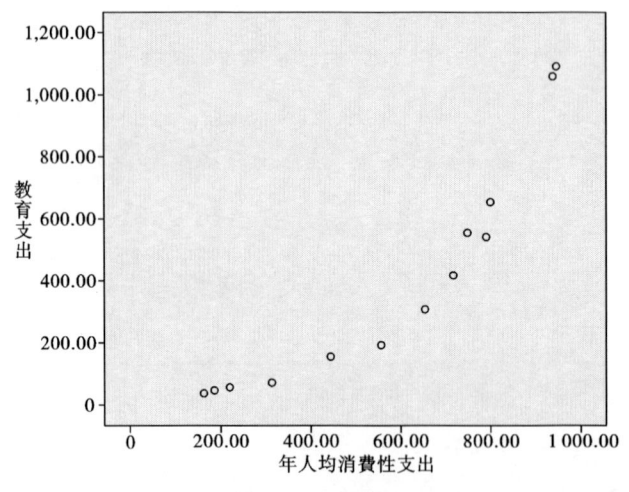

圖 15-2 散點圖

【註解】從散點圖 15-2 中可以看出，人均消費性支出和教育支出呈明顯的曲線關係，而不是線性關係。因此，我們考慮進行曲線估計。

2. 曲線估計

曲線估計的建立，仍然需要解決幾個檢驗問題：

（1）曲線方程對樣本數據的擬合程度，對應的是曲線方程的擬合優度檢驗。

（2）基於樣本數據所確立的曲線方程是否能拓展到總體？對應的是曲線方程整體顯著性檢驗（模型的方差分析）。

（3）每個解釋變量對被解釋變量的影響在總體中是否存在？對應的是迴歸系數的顯著性檢驗。

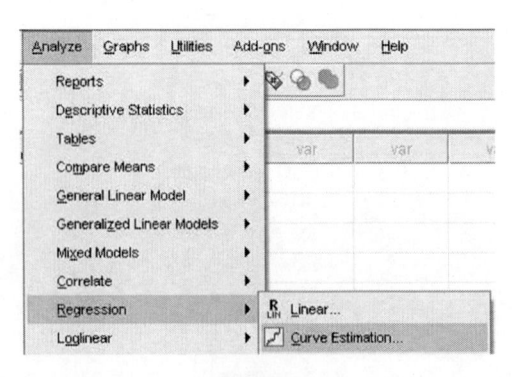

點擊 Analyze → Regression → Curve Estimation..，如圖 15-3 所示，得到如圖 15-4 所示對話框。

圖 15-3

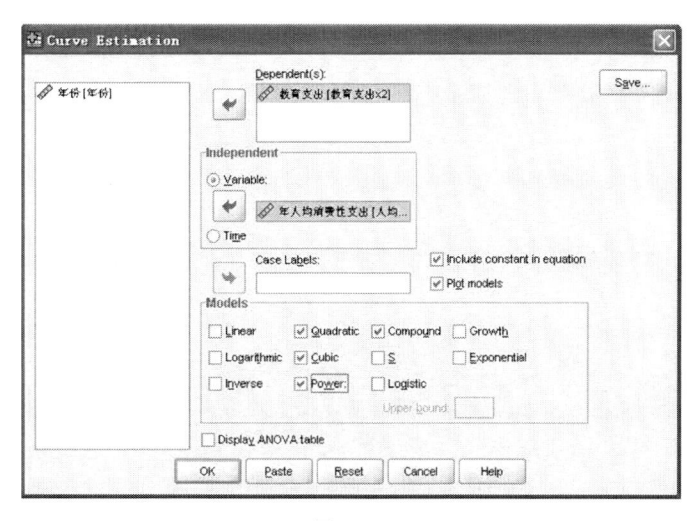

圖 15-4

把因變量（教育支出）移至 Dependent(s):，把自變量（年人均消費性支出）移至 Variable:。

☑ Include constant in equation：默認項，指方程包含常數項；

☑ Plot models：默認項，顯示所選模型的連續曲線與觀測值的線圖。

在 Models 中選擇模型：

☑ Linear：線性模型，$y = b_0 + b_1 x$；

☑ Logarithmic：對數曲線模型，$y = b_0 + b_1 \ln x$；

☑ Inverse：倒數曲線模型，$y = b_0 + \dfrac{b_1}{x}$；

☑ Quadratic：二次曲線模型，$y = b_0 + b_1 x + b_2 x^2$；

☑ Cubic：三次曲線模型，$y = b_0 + b_1 x + b_2 x^2 + b_3 x^3$；

☑ Power：冪函數模型，$y = b_0 x^{b_1}$；

☑ Compound：複合曲線模型，$y = b_0 (b_1)^x$；

☑ S：S 形曲線模型，$y = e^{b_0 + \frac{b_1}{x}}$；

☑ Logistic：Logistic 曲線模型，$y = \dfrac{1}{\dfrac{1}{u} + b_0(b_1)^x}$，其中 u 為上限值，必須為正數且大於最大的因變量數值，在 Upper bound: 中指定；

☑ Growth：增長曲線模型，$y = e^{b_0 + b_1 x}$；

☑ Exponential：指數曲線模型，$y = b_0 e^{b_1 x}$。

選擇 ☑ Quadratic、☑ Cubic、☑ Power 和 ☑ Compound，點擊 OK ，得到如圖 15-5 所示統計結果。

模型汇总和参数估计值

因变量:教育支出

方程	模型汇总					参数估计值			
	R方	F	df1	df2	Sig.	常数	b1	b2	b3
二次	.987	382.641	2	10	.000	252.698	-.148	2.460E-5	
三次	.994	516.461	3	9	.000	-41.314	.075	-1.988E-5	2.596E-9
复合	.995	2086.351	1	11	.000	20.955	1.000		
幂	.954	229.580	1	11	.000	3.578E-5	1.846		

自变量为 年人均消费性支出。

圖 15-5

【註解】圖 15-5 是曲線模型的擬合優度檢驗。

從擬合優度來看：四種曲線的擬合優度都比較高，其中複合曲線模型最高（R^2 = 0.995），其次是三次曲線模型（R^2 = 0.994）、二次曲線模型（R^2 = 0.987），最後是冪函數曲線模型（R^2 = 0.954）。再結合曲線的簡單性，可以首選二次曲線模型或三次曲線模型。

又二次曲線模型中的年人均消費性支出的迴歸系數為負值（b_1 = -0.148），與實際不符，應該舍去。

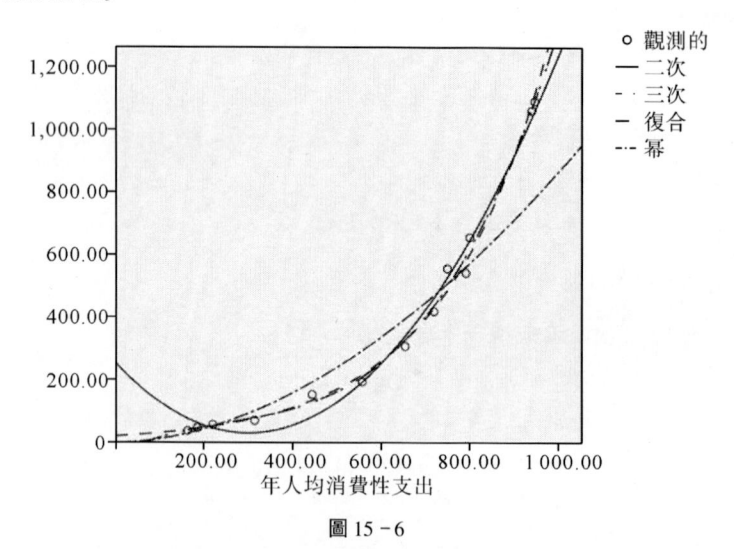

圖 15-6

【註解】圖 15-6 是從圖形直觀展示各種模型與觀測值的擬合程度。

從擬合優度的檢驗可知，二次曲線模型是不恰當的。三次曲線模型、複合曲線模型可選。接下來是整體性檢驗，展示過程如圖 15-7 至圖 15-14 所示。

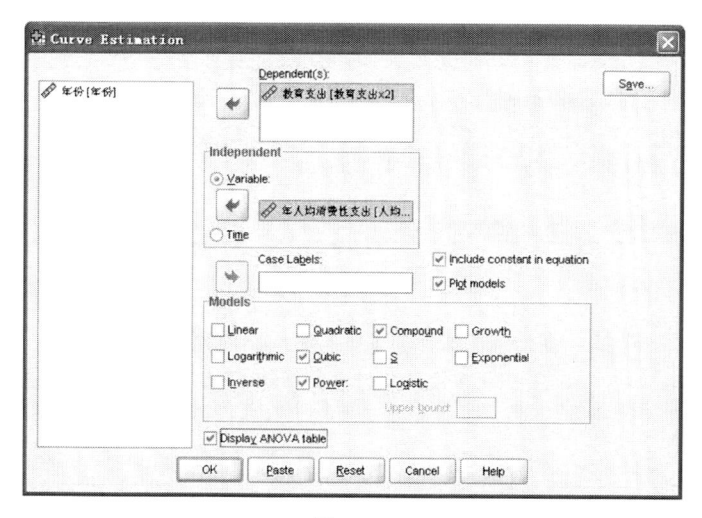

圖 15-7

選擇 ☑ Display ANOVA table，表示輸出各個模型的方差分析表和各迴歸系數顯著性檢驗的結果。

三次

模型匯總

R	R方	調整R方	估計值的標準誤
.997	.994	.992	32.238

自變量為 年人均消費性支出。

圖 15-8

【註解】圖 15-8 是三次曲線模型的擬合優度檢驗，$R^2 = 0.994$。

ANOVA

	平方和	df	均方	F	Sig.
回歸	1610303.326	3	536767.775	516.461	.000
殘差	9353.874	9	1039.319		
總計	1619657.200	12			

自變量為 年人均消費性支出。

圖 15-9

【註解】圖 15-9 是三次曲線模型的整體性檢驗。對應的概率 P 值 = 0.000，小於顯著性水平 0.05，拒絕原假設，表示建立的三次曲線模型是恰當的。

系数

	未标准化系数 B	标准误	标准化系数 Beta	t	Sig.
年人均消費性支出	.075	.069	.580	1.089	.304
年人均消費性支出 ** 2	-1.988E-5	.000	-1.685	-1.478	.173
年人均消費性支出 ** 3	2.596E-9	.000	2.112	.	.
（常數）	-41.314	97.204		-.425	.681

圖 15－10

【註解】圖 15－10 是三次曲線模型的迴歸係數檢驗。

迴歸係數 b_1、b_2 對應的概率 P 值分別為 0.304、0.173，都大於顯著性水平 0.05，接受原假設，說明迴歸係數 b_1、b_2 不顯著。可見三次曲線模型不適用。

复合

模型汇总

R	R方	调整 R 方	估计值的标准误
.997	.995	.994	.090

自变量为 年人均消费性支出。

圖 15－11

【註解】圖 15－11 是複合曲線模型的擬合優度檢驗，$R^2 = 0.995$。

ANOVA

	平方和	df	均方	F	Sig.
回归	16.905	1	16.905	2086.351	.000
残差	.089	11	.008		
总计	16.994	12			

自变量为 年人均消费性支出。

圖 15－12

【註解】圖 15－12 是複合曲線模型的整體性檢驗。對應的概率 P 值 = 0.000，小於顯著性水平 0.05，拒絕原假設，表示建立的複合曲線模型是恰當的。

系数

	未标准化系数 B	标准误	标准化系数 Beta	t	Sig.
年人均消费性支出	1.000	.000	2.711	108768.233	.000
（常數）	20.955	1.226		17.090	.000

因变量为 ln(教育支出)。

圖 15－13

係數

	未標準化係數 B	未標準化係數 標準誤	標準化係數 Beta	t	Sig.
年人均消費性支出	1.0004200324246906		2.711	108768.233	.000
（常數）	20.955	1.226		17.090	.000

因變量為 ln(教育支出)。

圖 15－14

【註解】圖 15－13、圖 15－14 是複合曲線模型的迴歸係數檢驗，$y = b_0 (b_1)^x = 20.955 \times (1.00042)^x$

迴歸係數 b_1 對應的概率 P 值 $= 0.000$，小於顯著性水平 0.05，拒絕原假設。這說明迴歸係數 b_1 顯著，複合曲線模型是合理的。

【實戰應用】

現已收集最近 20 年的稅收收入現值，試分析隨著時間的變化，稅收收入現值的變化規律。

【分析報告】

【分析報告基本格式】

實驗項目			
實驗日期		實驗地點	
實驗目的			
實驗內容			
實驗步驟			
實驗結果			
實驗分析			
實驗小結			
備註			

實驗十六　列聯表分析

【實驗目的】

1. 瞭解列聯表的構造和列聯表各種相關性測量統計量的構造原理。
2. 熟練掌握列聯表分析的 SPSS 操作。

【知識儲備】

1. 列聯分析的基本內容

列聯分析是根據樣本數據來推斷總體中兩個定類變量相互關係的一種統計方法。

列聯分析有兩項主要內容：列聯表中的卡方檢驗和列聯表中的相關性測量。這兩項內容分別是從不同的途徑來分析列聯表中兩個定類變量之間的相關關係的。

2. 列聯分析的基本步驟

（1）卡方檢驗的基本步驟。

①建立原假設。卡方檢驗的原假設是：行變量與列變量相互獨立。

②計算檢驗統計量的值。列聯分析中卡方檢驗的統計量是 Pearson 卡方統計量，其數學公式為：

$$x^2 = \sum_{i=1}^{r} \sum_{j=1}^{c} \frac{(f_{ij}^0 - f_{ij}^e)^2}{f_{ij}^e} \qquad (16.1)$$

其中，r 為列聯表的行數，c 為列聯表的列數，f^0 為觀測頻數，f^e 為期望頻數。

③做出統計決策。這裡有兩種決策方式：一是比較臨界值的決策方式，即將卡方統計量的值與由給定的顯著性水平所決定的臨界值相比較：大於或等於臨界值，則拒絕原假設；小於臨界值，則沒有理由拒絕原假設。二是比較 P 值的決策方式，即將卡方統計量的 P 值與給定的顯著性水平相比較：大於或等於顯著性水平，則沒有理由拒絕原假設；小於顯著性水平，則拒絕原假設。兩種決策方式的結論是一致的。SPSS 中採取第二種決策方式。

（2）相關性測量的基本步驟。

可供選擇的測量相關性的統計量主要有三個，這些統計量的適用範圍有所不同，應根據列聯表的結構特點適當地選擇。

① φ 相關係數。φ 係數的絕對值在 0 和 1 之間，適用於 2×2 列聯表，計算公式為：

$$\varphi = \sqrt{\frac{x^2}{n}} \qquad (16.2)$$

②C 相關係數。C 的取值範圍為：$0 < C < 1$，它隨行數和列數的增大而增大。其適用於大於 2×2 的列聯表，不同行數或列數的列聯表之間所得的列聯繫數不宜做比較。其計算公式為：

$$C = \sqrt{\frac{x^2}{x^2 + n}} \qquad (16.3)$$

③V 相關係數。V 的取值範圍為：$0 \leq V \leq 1$。它適用於大於 2×2 的列聯表，不同行數或列數的列聯表之間所得的相關係數不宜做比較。其計算公式為：

$$V = \sqrt{\frac{x^2}{n \times \min[(r-1),(c-1)]}} = \sqrt{\frac{x^2}{n(m-1)}} \qquad (16.4)$$

特別地，當列聯表的行數或列數為 2 時：

$$V = \sqrt{\frac{x^2}{n}} = \varphi \qquad (16.5)$$

【實例演習】

【例】現要研究吸菸與肺癌是否具有一定的關聯性，收集的對照統計實驗數據如表 16-1 所示。

表 16-1　　　　　　　　　　吸菸與肺癌關聯表

	吸菸	不吸菸
患者	60	3
對照組	32	11

1. 轉化為 SPSS 文件格式

先將表 16-1 轉化為 SPSS 文件格式，如圖 16-1 所示。

	吸烟	肺癌	頻數
1	吸烟	患肺癌	60
2	吸烟	對照組	32
3	不吸烟	患肺癌	3
4	不吸烟	對照組	11

圖 16-1

2. 編製列聯表

先確定加權因子：點擊 Data — Weight Cases，如圖 16-2 所示。

統計學基礎實驗（SPSS）

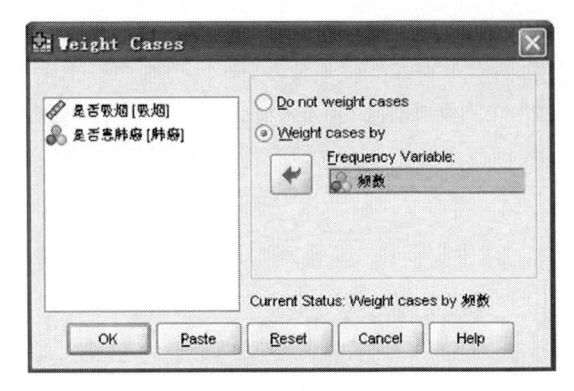

圖 16-2

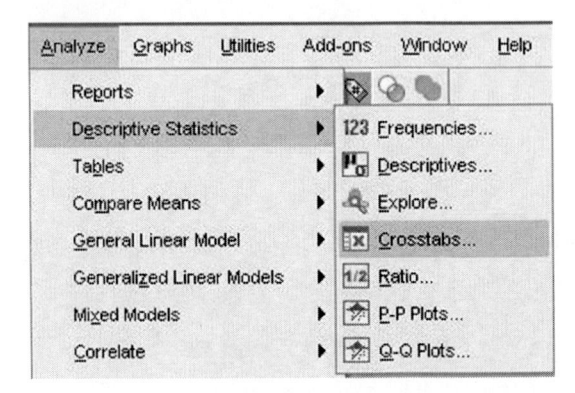

點擊 Analyze — Descriptive Statistics — Crosstabs...，如圖 16-3 所示。

圖 16-3

得到如圖 16-4 所示對話框。

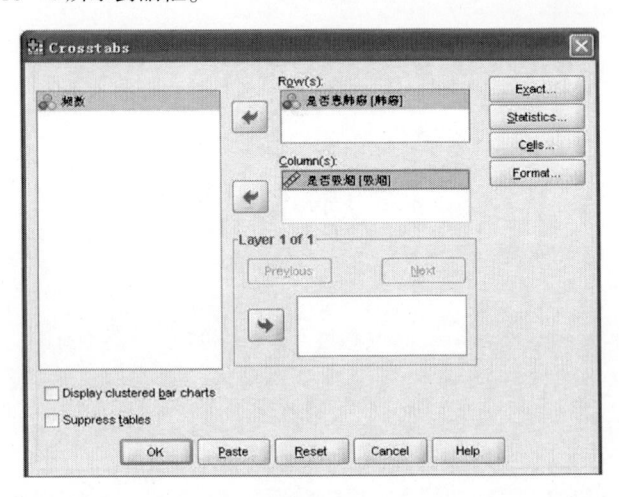

圖 16-4

把行變量（是否患肺癌）移至 Row(s): 中，把列變量（是否吸菸）移至 Column(s): 中，點擊 OK ，得到如圖 16－5 所示結果。

是否患肺癌 * 是否吸烟 交叉制表

計數

		是否吸烟		合計
		吸烟	不吸烟	
是否患肺癌	患肺癌	60	3	63
	对照組	32	11	43
合計		92	14	106

圖 16－5

上述列聯表只是使用了 Cells... 中的默認項 ☑ Observed，表示只輸出觀測頻數。若需要在列聯表中輸出更多的內容，點擊 Cells... ，彈出對話框，如圖 16－6 所示。

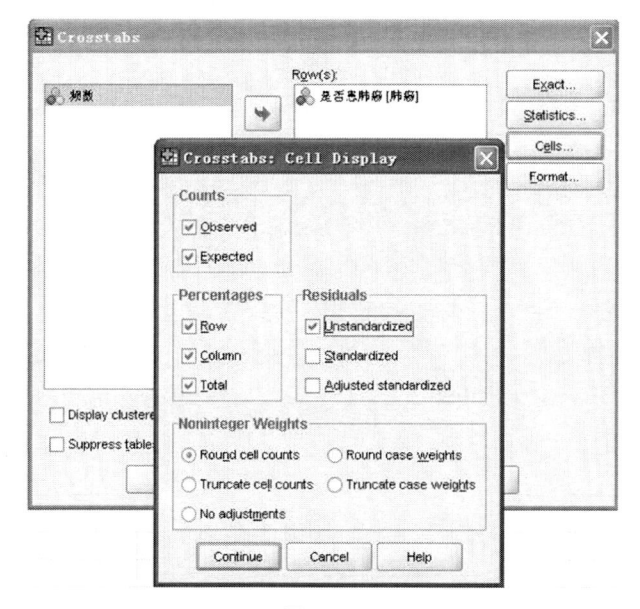

圖 16－6

在計數 Counts 中選擇 ☑ Expected：輸出期望頻數；

在百分比 Percentages 中選擇 ☑ Row：行百分比；

☑ Column：列百分比；

☑ Total：總百分比；

在殘差 Residuals 中選擇 ☑ Unstandardized：非標準化殘差＝觀測頻數－期望頻數。

點擊 Continue ，點擊 OK ，得到如圖 16－7 所示結果。

統計學基礎實驗（SPSS）

是否患肺癌 * 是否吸煙 交叉制表

			是否吸煙		合計
			吸煙	不吸煙	
是否患肺癌	患肺癌	計數	60	3	63
		期望的計數	54.7	8.3	63.0
		是否患肺癌 的 %	95.2%	4.8%	100.0%
		是否吸煙 的 %	65.2%	21.4%	59.4%
		總數的 %	56.6%	2.8%	59.4%
		殘差	5.3	-5.3	
	對照組	計數	32	11	43
		期望的計數	37.3	5.7	43.0
		是否患肺癌 的 %	74.4%	25.6%	100.0%
		是否吸煙 的 %	34.8%	78.6%	40.6%
		總數的 %	30.2%	10.4%	40.6%
		殘差	-5.3	5.3	
合計		計數	92	14	106
		期望的計數	92.0	14.0	106.0
		是否患肺癌 的 %	86.8%	13.2%	100.0%
		是否吸煙 的 %	100.0%	100.0%	100.0%
		總數的 %	86.8%	13.2%	100.0%

圖 16-7

【註解】在圖 16-7 中，第二行，期望頻數 =（所在行的觀測頻數合計 × 所在列的觀測頻數合計）÷ 觀測頻數總和，如：$54.7 = 92 \times 63 \div 106$。

期望頻數的分佈與總體分佈一致，反應的是行、列變量之間相互獨立下的分佈。可以理解為：在 106 個實驗者中，其是否吸菸的分佈為：86.8%、13.2%；若按照這一分佈，其中患肺癌的 63 名實驗者的分佈也應該是：86.8%、13.2%；對應的期望頻數應為：$86.8\% \times 63 = 54.68$，$13.2\% \times 63 = 8.316$。

第六行，非標準化殘差 = 觀測頻數 − 期望頻數。

3. 列聯表獨立性卡方檢驗

點擊 Statistics... ，出現對話框，如圖 16-8 所示。

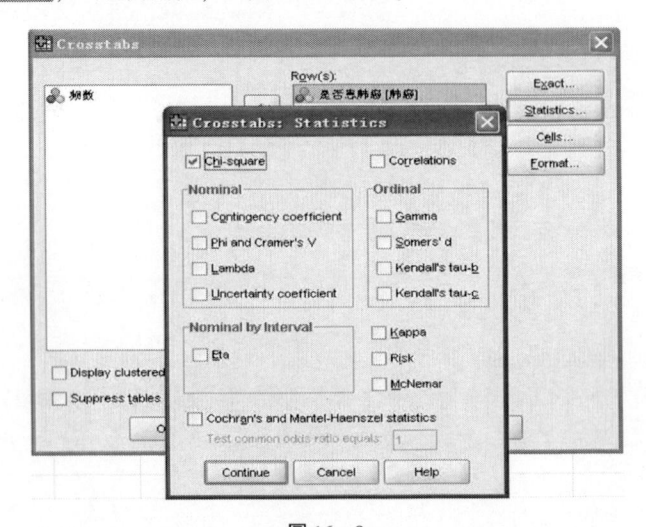

圖 16-8

選擇 ☑ Chi-square，點擊 Continue，再點擊 OK，得到如圖 16-9 所示統計結果。

卡方檢驗

	值	df	漸進 Sig.(雙側)	精確 Sig.(雙側)	精確 Sig.(單側)
Pearson 卡方	9.664[a]	1	.002		
连续校正[b]	7.933	1	.005		
似然比	9.722	1	.002		
Fisher 的精确检验				.003	.002
线性和线性组合	9.572	1	.002		
有效案例中的 N[b]	106				

a. 0 單元格(.0%)的期望計數少於 5。最小期望計數為 5.68。
b. 僅對 2x2 表計算。

圖 16-9

【註解】在圖 16-9 中，第一行，卡方檢驗統計量值 =9.664，對應的概率 P 值 =0.002，小於顯著性水平 0.05，拒絕原假設（肺癌患者中吸菸的比例與對照組中吸菸的比例沒有差別），即認為肺癌患者中吸菸的比例與對照組中吸菸的比例有顯著性的差異，前者高得多。

第二行，Yates 修正卡方檢驗統計量值 =7.933，對應的概率 P 值 =0.005，小於顯著性水平 0.05，拒絕原假設。適用於小樣本。

第三行，似然比檢驗統計量值 =9.722，對應的概率 P 值 =0.002，小於顯著性水平 0.05，拒絕原假設。

第四行，Fisher 精確檢驗的概率 P 值 =0.003，小於顯著性水平 0.05，拒絕原假設。適用於小樣本。

第五行，線性和線性組合檢驗（Mantel Haenszel 卡方檢驗）值 =9.572，對應的概率 P 值 =0.002，小於顯著性水平 0.05，拒絕原假設。

【註腳 a】說明滿足列聯表獨立性卡方檢驗的前提條件：列聯表中要有 80% 以上的單元格中的期望頻數大於 5。

4. 分類變量的獨立性檢驗

點擊 Statistics...，出現對話框，如圖 16-10 所示。

統計學基礎實驗（SPSS）

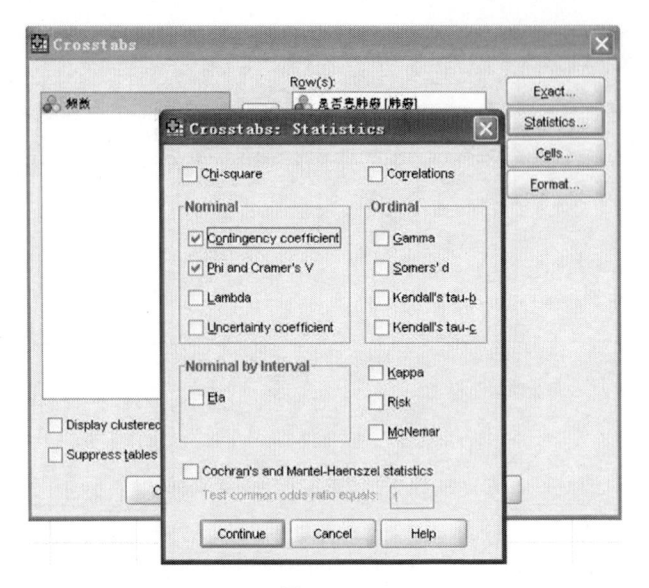

圖 16-10

在 Nominal 中選擇列聯繫數 ☑ Contingency coefficient 和 ☑ Phi and Cramer's V 系數，點擊 Continue，再點擊 OK，得到如圖 16-11 所示統計結果。

对称度量

		值	近似值 Sig.
按标量标定	φ	.302	.002
	Cramer 的 V	.302	.002
	相依系数	.289	.002
有效案例中的 N		106	

圖 16-11

【註解】在圖 16-11 中，第一行，Phi 系數 = 0.302，對應的概率 P 值 = 0.002，小於顯著性水平 0.05，拒絕原假設（行、列變量是獨立的），即認為肺癌患者中吸菸的比例與對照組中吸菸的比例有顯著性的差異。適用於 2×2 列聯表。

第二行，Cramer'V 系數 = 0.302，對應的概率 P 值 = 0.002，小於顯著性水平 0.05，拒絕原假設（行、列變量是獨立的）。適用於 2×2 以上的列聯表。

第三行，列聯繫數 = 0.289，對應的概率 P 值 = 0.002，小於顯著性水平 0.05，拒絕原假設（行、列變量是獨立的）。適用於 2×2 以上的列聯表。

5. 有序變量的相關性檢驗

隨著精神病人抑鬱程度的加重，其自殺的可能性是否會加大？為了研究該問題，我們對 500 名精神病人按抑鬱程度和自殺意向的輕重程度進行了分類，數據如圖 16-12、圖 16-13 所示。

實驗十六 列聯表分析

是否有自殺意向 * 是否患抑郁 交叉制表

计数

		是否患抑郁			合计
		无抑郁	中等抑郁	严重抑郁	
是否有自杀意向	无自杀意向	195	93	34	322
	想自杀	20	27	27	74
	曾自杀过	26	39	39	104
合计		241	159	100	500

圖 16-12

	抑郁	自杀意向	频数
1	无抑郁	无自杀意向	195
2	无抑郁	想自杀	20
3	无抑郁	曾自杀过	26
4	中等抑郁	无自杀意向	93
5	中等抑郁	想自杀	27
6	中等抑郁	曾自杀过	39
7	严重抑郁	无自杀意向	34
8	严重抑郁	想自杀	27
9	严重抑郁	曾自杀过	39

圖 16-13

點擊 Statistics...，出現對話框，如圖 16-14 所示。

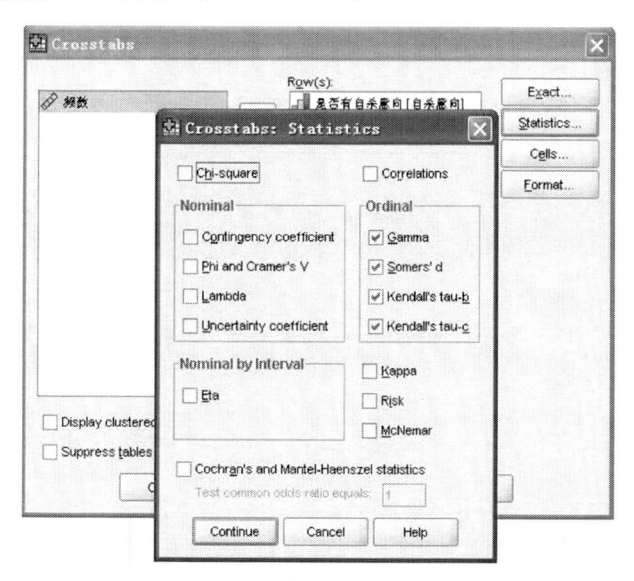

圖 16-14

在 Ordinal 中選擇相關係數 ☑Gamma 等，得到如圖 16-15、圖 16-16 所示統計結果。

对称度量

		值	渐进标准误差b	近似值 T^b	近似值 Sig.
按顺序	Kendall's tau-b	.336	.038	8.667	.000
	Kendall's tau-c	.287	.033	8.667	.000
	V	.532	.052	8.667	.000
有效案例中的 N		500			

a. 不假定零假设。
b. 使用渐进标准误差假定零假设。

圖 16-15

【註解】在圖 16-15 中，第一行，Kendall's tau-b 系數 = 0.336，對應概率 P 值 = 0.000，小於顯著性水平 0.05，拒絕原假設（抑鬱程度與自殺可能性沒有關係），即認為抑鬱程度與自殺可能性是存在關係的。Kendall's tau-b 系數 = 0.336 > 0，表示二者存在正相關關係，即隨著抑鬱程度的加重，自殺的可能性會加大。適用於方形列聯表。

第二行，Kendall's tau-c 系數 = 0.287，對應概率 P 值 = 0.000，小於顯著性水平 0.05，拒絕原假設。適用於一般的列聯表。

第三行，Gamma 系數 = 0.532，對應概率 P 值 = 0.000，小於顯著性水平 0.05，拒絕原假設。適用於 2×2 列聯表。

方向度量

		值	渐进标准误差b	近似值 T^b	近似值 Sig.
按顺序	Somers 的 d 对称的	.334	.037	8.667	.000
	是否有自杀意向 因变量	.306	.035	8.667	.000
	是否患抑郁 因变量	.368	.041	8.667	.000

a. 不假定零假设。
b. 使用渐进标准误差假定零假设。

圖 16-16

【註解】在圖 16-16 中，第二行，Somers' $d_{R|R}$ = 0.306，表示行屬性（自殺意向）依賴於列屬性（抑鬱程度）。對應概率 P 值 = 0.000，小於顯著性水平 0.05，拒絕原假設。

第三行，Somers' $d_{C|R}$ = 0.368，表示列屬性（抑鬱程度）依賴於行屬性（自殺意向）。對應概率 P 值 = 0.000，小於顯著性水平 0.05，拒絕原假設。

【實戰應用】

為了瞭解人們對高校擴招現象的態度，現對教師和學生進行調研，數據資料包括變量調查對象：0 = 學生，1 = 老師；變量態度：0 = 支持，1 = 反對。試分析：

教師和學生對這一問題的看法是否是一致的？

【分析報告】

【分析報告基本格式】

實驗項目	
實驗日期	實驗地點
實驗目的	
實驗內容	
實驗步驟	
實驗結果	
實驗分析	
實驗小結	
備註	

實驗十七　對數線性層次模型

【實驗目的】

1. 掌握對數線性層次模型建立的基本原理和思想。
2. 掌握利用 SPSS 軟件如何實現對數線性層次模型的建立。

【知識儲備】

1. 對數線性模型

對數線性模型是一種分析多品質型變量間關係的多元統計分析方法。它以多維交叉列聯表中的對數頻數為研究對象，將卡方檢驗與多因素方差分析、多元線性迴歸分析等方法相結合，以有效和簡單為基本策略，通過建立簡約模型，以達到解釋對數頻數變化成因，擬合對數頻數變化規律的目的。對數線性模型主要包含三類模型：飽和與非飽和對數線性層次模型、一般模型和 Logit 模型。本章主要介紹飽和與非飽和對數線性層次模型。

2. 飽和與非飽和對數線性層次模型

飽和對數線性層次模型是指基於對數頻數，建立所有主效應和所有交互效應在內的線性模型。

非飽和對數線性層次模型是在飽和模型的基礎上建立起來的簡約模型。其基本原則是：認為模型中的低階效應是由高階效應派生出來的。若模型中的高階效應顯著，那麼相應的所有低階效應也都是顯著的；若一個低階效應不顯著，則與其相關的其他高階效應也是不顯著的。剔除模型中的不顯著效應時，應該從最高階開始，按照由高至低的順序依次分層剔除，直到沒有可剔除的效應為止，從而得到簡約的非飽和對數線性層次模型。

【實例演習】

【例】160 個精神病人按抑鬱程度和自殺意向的輕重程度分類，數據如圖 17 - 1、圖 17 - 2 所示。

自杀 * 抑郁 交叉制表

计数

		抑郁			合计
		无抑郁	中等抑郁	严重抑郁	
自杀	无自杀意向	18	50	12	80
	想要自杀	11	25	14	50
	曾自杀过	6	15	9	30
合计		35	90	35	160

圖 17－1

	自杀	抑郁	频数
1	无自杀意向	无抑郁	18
2	想要自杀	无抑郁	11
3	曾自杀过	无抑郁	6
4	无自杀意向	中等抑郁	50
5	想要自杀	中等抑郁	25
6	曾自杀过	中等抑郁	15
7	无自杀意向	严重抑郁	12
8	想要自杀	严重抑郁	14
9	曾自杀过	严重抑郁	9

圖 17－2

先確定加權因子：點擊 Data — Weight Cases...，把變量（頻數）移至 Frequency Variable: 中，點擊 OK。

1. 計算獨立模型的期望頻數估計

點擊 Analyze — Descriptive Statistics — Crosstabs...，再點擊 Cells...，選擇 ☑ Expected，得到如圖 17－3所示統計結果。

自杀 * 抑郁 交叉制表

			抑郁			合计
			无抑郁	中等抑郁	严重抑郁	
自杀	无自杀意向	计数	18	50	12	80
		期望的计数	17.5	45.0	17.5	80.0
	想要自杀	计数	11	25	14	50
		期望的计数	10.9	28.1	10.9	50.0
	曾自杀过	计数	6	15	9	30
		期望的计数	6.6	16.9	6.6	30.0
合计		计数	35	90	35	160
		期望的计数	35.0	90.0	35.0	160.0

圖 17－3

2. 建立對數線性（飽和與非飽和）層次模型

點擊 Analyze —— Loglinear —— Model Selection，出現對話框，如圖 17－4、圖 17－5 所示。

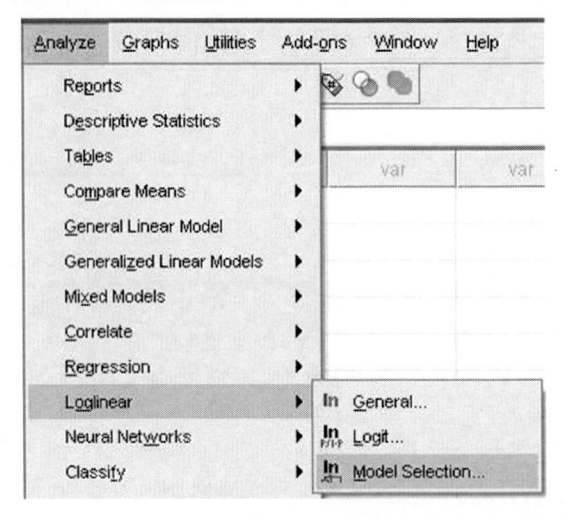

圖 17－4

圖 17－5

把因素變量移至 Factor(s): 中，點擊 Define Range…，確定因素的取值範圍，點擊 Continue；把頻數移至 Cell Weights: 中；在 Model… 中選擇默認項 ⊙Saturated（表示初始模型為飽和模型）；在 Options… 中選擇默認項 Display 中的 ☑Frequencies（表示輸出觀測頻數、期望頻數和頻數百分比）和 ☑Residuals（表示觀測頻數與期望頻數的殘差）；點擊 OK，得：

(1) 飽和模型的擬合檢驗，如圖 17-6 所示。

飽和模型的擬合檢驗是檢驗對數頻數的實際觀測值與模型預測值（期望值）之間是否存在顯著性差異的檢驗。

單元計數和殘差

自杀	抑郁	观测 计数ª	观测 %	期望 计数	期望 %	残差	标准残差
无自杀意向	无抑郁	18.500	11.6%	18.500	11.6%	.000	.000
	中等抑郁	50.500	31.6%	50.500	31.6%	.000	.000
	严重抑郁	12.500	7.8%	12.500	7.8%	.000	.000
想要自杀	无抑郁	11.500	7.2%	11.500	7.2%	.000	.000
	中等抑郁	25.500	15.9%	25.500	15.9%	.000	.000
	严重抑郁	14.500	9.1%	14.500	9.1%	.000	.000
曾自杀过	无抑郁	6.500	4.1%	6.500	4.1%	.000	.000
	中等抑郁	15.500	9.7%	15.500	9.7%	.000	.000
	严重抑郁	9.500	5.9%	9.500	5.9%	.000	.000

a. 对于饱和模型，.500 已添加至所有观测单元格中。

(a)

拟合优度检验

	卡方	df	Sig.
似然比	.000	0	.
Pearson	.000	0	.

(b)

圖 17-6

【註解】圖 17-6（a）表示的是飽和模型中的觀測頻數、期望頻數和殘差。觀測頻數＝期望頻數，殘差＝0，可以看出飽和模型對對數頻數是完全擬合的。

圖 17-6（b）是飽和模型的擬合檢驗。似然比卡方統計量＝0.000，概率 P 值無確定值，說明模型對數據是完全擬合的。

(2) 飽和模型的分層檢驗，如圖 17-7 所示。

飽和模型的分層檢驗是按照各階效應整體進行分層檢驗的。

K-Way 和高阶效果

	K	df	似然比 卡方	似然比 Sig.	Pearson 卡方	Pearson Sig.	迭代数
K-Way 和高阶效果ª	1	8	63.833	.000	79.175	.000	0
	2	4	4.720	.317	4.665	.323	2
K-way 效果ᵇ	1	4	59.113	.000	74.510	.000	0
	2	4	4.720	.317	4.665	.323	0

a. 检验 k-way 和高阶效果是否为零。
b. 检验 k-way 效果是否为零。

圖 17-7

【註解】在圖 17-7 中，第一部分：K 階及以上各階所有效應檢驗。

2 階及以上各階所有交互效應檢驗的似然比卡方統計量 = 4.720，Pearson 卡方統計量 = 4.665；對應的概率 P 值 = 0.323，大於顯著性水平 0.05，接受原假設（2 階及以上階的交互效應與 0 無顯著性影響），即認為 2 階及以上階的交互效應無顯著性影響。

1 階及以上各階所有效應檢驗的似然比卡方統計量 = 63.833，Pearson 卡方統計量 = 79.175；對應的概率 P 值 = 0.000，小於顯著性水平 0.05，拒絕原假設（1 階及以上階的交互效應與 0 無顯著性影響），即認為 1 階及以上階的交互效應存在顯著性差異。

1 階及以上各階效應的似然比卡方統計量（63.833）與 2 階及以上的似然比卡方統計量（4.720）之差 = 59.113，是主效應整體檢驗的似然比卡方值。

第二部分：K 階所有效應檢驗。

1 階效應檢驗的似然比卡方統計量 = 59.113（正好等於主效應整體檢驗的似然比卡方值），Pearson 卡方統計量 = 74.510；對應的概率 P 值 = 0.000，小於顯著性水平 0.05，拒絕原假設（1 階效應與 0 無顯著性影響），即認為 1 階效應存在顯著性差異。

2 階交互效應檢驗的似然比卡方統計量 = 4.720，Pearson 卡方統計量 = 4.665；對應的概率 P 值 = 0.323，大於顯著性水平 0.05，接受原假設（2 階交互效應與 0 無顯著性影響），即認為 2 階交互效應無顯著性影響。這與第一部分的檢驗一致。

（3）逐步剔除效應檢驗——簡化飽和模型，如圖 17-8 所示。

逐步剔除效應檢驗是從飽和模型開始，按照從高階到低階的順序，逐步剔除似然比卡方值增加不顯著的交互效應，再對新的模型進行檢驗，從而最終得到最佳簡約（飽和或非飽和）模型。

步驟摘要

步驟[a]		效果	卡方[c]	df	Sig.	迭代數
0	生成類[b]	自殺*抑鬱	.000	0	.	
	已刪除的效果 1	自殺*抑鬱	4.720	4	.317	2
1	生成類[b]	自殺, 抑鬱	4.720	4	.317	
	已刪除的效果 1	自殺	23.899	2	.000	2
	2	抑鬱	35.215	2	.000	2
2	生成類[b]	自殺, 抑鬱	4.720	4	.317	

a. 在每一步驟中，如果最大顯著性水平大於 .050，則刪除含有"似然比更改"的最大顯著性水平的效果。
b. 在步驟 0 之後，將在每一步驟顯示最佳模型的統計量。
c. 對於"已刪除的效果"，從模型中刪除該效果之後，這是卡方中的更改。

圖 17-8

【註解】在圖 17-8 中，第 0 步：飽和模型。模型的似然比卡方統計量 = 0.000，說明建立的飽和模型與觀測數據完全擬合。

若剔除交互效應（自殺 * 抑鬱），所得模型的似然比卡方統計量 = 4.720；對應概率 P 值 = 0.317，大於顯著性水平 0.05，接受原假設（交互效應與 0 無顯著性差異），

即認為引起似然比卡方統計量變化（從 0 增加到 4.720）並不顯著，「自殺 * 抑鬱」的交互作用對頻數分佈無顯著性影響，可以剔除該效應。

第 1 步：剔除交互效應（自殺 * 抑鬱）的不飽和模型（只含主效應）。模型的似然比卡方統計量 = 4.720；對應概率 P 值 = 0.317。

剔除主效應（自殺），所得模型的似然比卡方統計量 = 23.899；對應概率 P 值 = 0.000，小於顯著性水平 0.05，拒絕原假設（主效應與 0 無顯著性差異），即認為引起似然比卡方統計量變化（從 0 增加到 23.899）具有顯著性差異，主效應（自殺）的作用對頻數分佈有顯著性影響，不應剔除該效應。

剔除主效應（抑鬱），所得模型的似然比卡方統計量 = 35.215；對應概率 P 值 = 0.000，小於顯著性水平 0.05，拒絕原假設，即認為引起似然比卡方統計量變化（從 0 增加到 35.215）具有顯著性差異，主效應（抑鬱）的作用對頻數分佈有顯著性影響，不應剔除該效應。

第 2 步：最佳簡約模型（只含主效應）。模型的似然比卡方統計量 = 4.720；對應概率 P 值 = 0.317，大於顯著性水平 0.05，通過顯著性檢驗。

（4）最佳簡約（非飽和）模型的擬合檢驗，如圖 17-9 所示。

最佳簡約模型的擬合檢驗是對對數頻數的實際觀測值與新修正模型預測值（期望值）之間是否存在顯著性差異的檢驗。

单元计数和残差

自杀	抑郁	观测 计数	%	期望 计数	%	残差	标准残差
无自杀意向	无抑郁	18.000	11.2%	18.000	11.2%	.000	.000
	中等抑郁	50.000	31.2%	50.000	31.2%	.000	.000
	严重抑郁	12.000	7.5%	12.000	7.5%	.000	.000
想要自杀	无抑郁	11.000	6.9%	11.000	6.9%	.000	.000
	中等抑郁	25.000	15.6%	25.000	15.6%	.000	.000
	严重抑郁	14.000	8.8%	14.000	8.8%	.000	.000
曾自杀过	无抑郁	6.000	3.8%	6.000	3.8%	.000	.000
	中等抑郁	15.000	9.4%	15.000	9.4%	.000	.000
	严重抑郁	9.000	5.6%	9.000	5.6%	.000	.000

(a)

拟合优度检验

	卡方	df	Sig.
似然比	.000	4	1.000
Pearson	.000	4	1.000

(b)

圖 17-9

【註解】圖 17-9（a）表示的是最佳簡約模型中的觀測頻數、期望頻數和殘差。觀測頻數 = 期望頻數，殘差 = 0；可以看出最佳簡約模型對對數頻數是完全擬合的。

圖 17-9（b）是最佳簡約模型的擬合檢驗。模型的似然比卡方統計量 = 0.000，概率 P 值 = 1.000，大於顯著性水平 0.05，接受原假設（觀測頻數與期望頻數無顯著性差

異），說明模型對數據的擬合效果很好。

3. 飽和模型的其他檢驗

（1）單項效應檢驗——飽和模型的參數估計，如圖 17-10 和表 17-1 所示。

前述內容僅針對飽和模型的整體和局部（分層）進行了檢驗，但對於具體哪個類別的效應是否顯著的問題，並沒有回答。這就需要進行單項效應檢驗。

點擊 Options... ，在 Display for Saturated Model 中選擇 ☑ Parameter estimates 。

参数估计值

效果	参数	估计	标准误	Z	Sig.	95% 置信区间 下限	上限
自杀*抑郁	1	.117	.176	.665	.506	-.228	.462
	2	.231	.144	1.604	.109	-.051	.514
	3	-.022	.190	-.114	.909	-.394	.351
	4	-.115	.156	-.737	.461	-.422	.191
自杀	1	.390	.118	3.298	.001	.158	.622
	2	.053	.125	.429	.668	-.191	.298
抑郁	1	-.321	.139	-2.315	.021	-.593	-.049
	2	.569	.113	5.013	.000	.346	.791

圖 17-10

【註解】圖 17-10 是飽和模型所有交互效應和主效應的參數估計，也是所有類別單項效應檢驗。

在交互效應（自殺＊抑鬱）中，只輸出了 4 個參數估計值，對應 4 個交互效應，對應的概率 P 值都大於顯著性水平 0.05，接受原假設（對應的交互效應無顯著性差異）；其餘 5 個可以通過行列之和 =0 求出。

在主效應（自殺）中，只輸出了 2 個參數估計值；通過行之和 =0，求出第三個參數估計值 = -0.443。

因素（自殺）第 1 類別（無抑鬱）對對數頻數的主效應 =0.390，對應的概率 P 值 =0.001，小於顯著性水平 0.05，拒絕原假設（對應的主效應無顯著性差異），即認為因素（自殺）第 1 類別（無抑鬱）的主效應是顯著的。

因素（自殺）第 2 類別（中等抑鬱）對對數頻數的主效應 =0.053，對應的概率 P 值 =0.668，大於顯著性水平 0.05，接受原假設（對應的主效應無顯著性差異），即認為因素（自殺）第 2 類別（中等抑鬱）的主效應是顯著的。

因素（抑鬱）第 1 類別（無自殺意向）對對數頻數的主效應 = -0.321，對應的概率 P 值 =0.021，小於顯著性水平 0.05，拒絕原假設（對應的主效應無顯著性差異），即認為因素（抑鬱）第 1 類別（無自殺意向）的主效應是顯著的。

表 17-1　　　　　　自殺與抑鬱主效應和交互效應的模型參數估計值

因素 A、B 交互效應		抑鬱（因素 B）			因素 B 主效應
		無抑鬱	中等抑鬱	嚴重抑鬱	
自殺 （因素 A）	無自殺意向	0.117	−0.022	−0.095	−0.321
	想要自殺	0.231	−0.115	−0.116	0.569
	曾自殺過	−0.348	0.137	0.211	−0.248
因素 A 主效應		0.39	0.053	−0.443	

（2）飽和模型的偏關聯檢驗，如圖 17-11 所示。

偏关联

效果	df	偏卡方	Sig.	迭代数
自杀	2	23.899	.000	2
抑郁	2	35.215	.000	2

圖 17-11

【註解】圖 17-11 中，因素（自殺）和因素（抑鬱）的概率 P 值都等於 0.000，小於顯著性水平 0.05，拒絕原假設（對應的主效應無顯著性差異）。

【實戰應用】

現已收集某度假村遊客的年齡、性別和所喜愛的娛樂項目等相關資料，試分析遊客的年齡、性別和所喜愛的娛樂項目之間是否存在一定的關係。

【分析報告】

【分析報告基本格式】

實驗項目			
實驗日期		實驗地點	
實驗目的			
實驗內容			
實驗步驟			
實驗結果			
實驗分析			
實驗小結			
備註			

實驗十八　綜合測試練習

【實驗目的】

　　本章要求學生分別組成幾個小組，自己設計一個實際問題，進行數據的收集、整理，然後利用本學期所學的 SPSS 統計分析方法進行分析。要求至少利用 5 種以上的分析方法，完成一個綜合性的分析報告。

【實驗問題】

　　問題的具體內容由小組自由確定。
　1. 自由調查問題類
　基本內容包括：
　（1）調查方案設計。
　（2）問卷的設計。
　（3）調查方法及數據收集過程。
　（4）數據的整理。
　（5）數據的分析。
　2. 現成數據分析類
　基本內容包括：
　（1）問題的提出。
　（2）數據的來源。
　（3）數據的整理。
　（4）數據的分析。

【分析報告】

【分析報告基本格式】

實驗項目	
實驗日期	實驗地點
實驗目的	
實驗內容	
實驗步驟	
實驗結果	
實驗分析	
實驗小結	
備註	

國家圖書館出版品預行編目(CIP)資料

統計學基礎實驗(SPSS) / 李勇、張敏 編著. -- 第二版.
-- 臺北市 : 崧博出版 : 財經錢線文化發行, 2018.10
　面 ； 公分
ISBN 978-957-735-558-4(平裝)
1.統計套裝軟體 2.統計分析
512.4　　　107016955

書　名：統計學基礎實驗(SPSS)
作　者：李勇、張敏 編著
發行人：黃振庭
出版者：崧博出版事業有限公司
發行者：財經錢線文化事業有限公司
E-mail：sonbookservice@gmail.com
粉絲頁　　　　　　　網　址
地　址：台北市中正區延平南路六十一號五樓一室
8F.-815, No.61, Sec. 1, Chongqing S. Rd., Zhongzheng Dist., Taipei City 100, Taiwan (R.O.C.)
電　話：(02)2370-3310　傳　真：(02) 2370-3210
總經銷：紅螞蟻圖書有限公司
地　址：台北市內湖區舊宗路二段 121 巷 19 號
電　話：02-2795-3656　傳真：02-2795-4100　網址：
印　刷：京峯彩色印刷有限公司（京峰數位）
　　本書版權為西南財經大學出版社所有授權崧博出版事業有限公司獨家發行電子書及繁體書繁體版。若有其他相關權利及授權需求請與本公司聯繫。
定價：300元
發行日期：2018 年 10 月第二版
◎ 本書以POD印製發行